Sprachkurs Deutsch 3

Unterrichtswerk für Erwachsene

Ulrich Häussermann
Georg Dietrich
Timm Tralau
Ulrike Woods
Hugo Zenkner

unter Mitarbeit von Ralf Baltzer, Irmgard Feix, Inge Hall,
Roswitha McEwen, Heidegert Schmid Noerr, Dietrich
Sturm, Hella Voit von Kirschten, Elisabeth Wachs,
Hans-Heinrich Wängler

Verlag Moritz Diesterweg

Österreichischer Bundesverlag

Verlag Sauerländer

Sprachkurs Deutsch 3

Arbeitsschwerpunkte

Seite 40–42	Ralf Baltzer
Endredaktion sowie Seite 83	Georg Dietrich
Auswahl und Schnitt der literarischen Texte	Irmgard Feix
Spiel Seite 35/36	Inge Hall
Wortregister, Wortschatzkontrolle	Roswitha McEwen
HV Seite 82	Heidegert Schmid Noerr
Spiele	Dietrich Sturm
Kapitel 6 und HV Seite 10/11	Timm Tralau
Kapitel 2	Hella Voit von Kirschten
Seite 135	Elisabeth Wachs
Phonetik	Hans-Heinrich Wängler
Übungen zum Wortschatz, Rätsel	Ulrike Woods
Gesamtkonzeption sowie Roman	Hugo Zenkner
Alles übrige sowie Gesamtkonzeption, Endredaktion	Ulrich Häussermann

Illustrationen	Winnie Gebhardt-Gayler, Esslingen
Sachzeichnungen und Schreibbeispiele	GDF-Studio Wiedenmann, Frankfurt am Main

	Bestellnummer	ISBN
Diesterweg	6113	3-425-06113-5
Österr. Bundesverlag	41715	3-215-04171-5
Sauerländer	6113	3-7941-2235-6

Satz und Druck: Oscar Brandstetter Druckerei GmbH & Co. KG, Wiesbaden
Bindearbeiten: WIB, Wiesbaden

Vorwort

Frau Maus führte ihre Kinder durch die Küche spazieren und erzählte ihnen von den Gefahren des Lebens. Da ging die Tür auf und Frau Katze trat ein. Furchtlos stellte sich Frau Maus in die Mitte der Küche und begann laut zu bellen wie ein Hund. Frau Katze erschrak, drehte sich um und sprang fort.

„Seht ihr", sprach Frau Maus zu ihren Kindern, „so nützlich ist es, fremde Sprachen zu sprechen."

Liebe Studentin, lieber Student –

Wenn Sie mit diesem Lehrbuch beginnen, haben Sie schon ein gutes Stück Arbeit geleistet. Wir gratulieren Ihnen zu diesem Erfolg! Sie sind nun auf einem Niveau, wo alles schon viel leichter geht: das Verstehen, das Sprechen, das Schreiben. Wir werden Sie noch über einige steile Stufen führen. Sie bekommen dann immer freiere Ausblicke.

Hoffentlich lieben Sie Theater? In diesem Kurs gibt es viele Gelegenheiten zum Theaterspielen, überhaupt zum Spielen. Und Gelegenheiten zum Erzählen. Bitte erzählen Sie so viel wie möglich! Kommen Sie, wie Sie sind, sagen Sie einfach alles, was Sie im Kopf haben, was Ihnen einfällt, es gibt viele Gelegenheiten dazu. Aber auch zum Diskutieren: über Marx, über Einstein, über Brecht, über Streik, über das Theater, über Reich und Arm, über Alt und Jung, über Mann und Frau, über über über . . .

Haben Sie Vertrauen zu unserem Weg. Natürlich geht es nicht ganz ohne Grammatik, nicht ganz ohne Mühe. Aber es gibt viel Lustiges, Schönes und Interessantes auf dem Weg zu entdecken. Spielen Sie mit Ihrer neuen Sprache, experimentieren Sie mit ihr, machen Sie Ihre neue Sprache zu einem Instrument, das Ihnen wirklich dient.

Hinweis für den Lehrer

Sprachkurs Deutsch 3 und 4 zusammen schließen die Grundstufe ab und führen ein gutes Stück über den Grundstufenabschluß hinaus. Teil 4 kann aber auch in einem sehr flach ansteigenden Mittelstufenkurs benutzt werden.

Sprachkurs Deutsch ist ein Auswahlprogramm. Die Autoren empfehlen jedoch, die mit ● bezeichneten Lernstücke nicht zu überspringen. Alle anderen Teile sind fakultativ. Das *Lehrerheft zu Teil 3 und 4* erläutert den Aufbau jedes Kapitels, zeigt Möglichkeiten für den Unterricht, gibt Hintergrundinformationen, Zusatzmaterialien, Diktate, Tests u. a. m.

Dieses Lehrbuch ist zugleich Arbeitsbuch. Für die Bildgeschichten empfehlen wir, möglichst die (gesondert zu beziehenden) Diapositive zu benutzen; die im Buch abgedruckten Kleinfotos sind nur Erinnerungsstützen.

Am Ende von Sprachkurs Deutsch Teil 4 finden Sie: Wortregister für Teil 3 und 4, Grammatikregister für Teil 3 und 4 sowie eine Liste der starken Verben.

⊙⊙ = auf Tonband und Cassette aufgezeichnet

Sprachkurs Deutsch

Übersicht

Anfangsstufe

Lehrbuch – Teil 1		(MD 6111)
Lehrbuch – Teil 2		(MD 6112)
Teil 1/2 Kurzfassung		(MD 6106)
Glossare:	Deutsch-Arabisch 1	(MD 6151)
	Deutsch-Arabisch 2	(MD 6152)
	Deutsch-Chinesisch 1	(MD 6153)
	Deutsch-Chinesisch 2	(MD 6154)
	Deutsch-Englisch 1	(MD 6114)
	Deutsch-Englisch 2	(MD 6115)
	Deutsch-Französisch 1	(MD 6134)
	Deutsch-Französisch 2	(MD 6135)
	Deutsch-Griechisch 1	(MD 6141)
	Deutsch-Griechisch 2	(MD 6142)
	Deutsch-Italienisch 1	(MD 6147)
	Deutsch-Italienisch 2	(MD 6148)
	Deutsch-Japanisch 1	(MD 6137)
	Deutsch-Japanisch 2	(MD 6138)
	Deutsch-Spanisch 1	(MD 6144)
	Deutsch-Spanisch 2	(MD 6145)
	Deutsch-Türkisch 1	(MD 6131)
	Deutsch-Türkisch 2	(MD 6132)
Diaserie zu Teil 1		(MD 6124)
Diaserie zu Teil 2		(MD 6125)
Tonmaterialien:	Tonbänder 1	(MD 6121)
	Tonbänder 2	(MD 6122)
	Cassetten 1	(MD 6127)
	Cassetten 2	(MD 6128)
Hinweise für Kursleiter		
	zu Teil 1 u. 2	(MD 6117)

Aufbaustufe

Lehrbuch – Teil 3		(MD 6113)
Lehrbuch – Teil 4		(MD 6104)
Glossare:	Deutsch-Englisch	(MD 6116)
	Deutsch-Französisch	(MD 6136)
	Deutsch-Griechisch	(MD 6143)
	Deutsch-Italienisch	(MD 6149)
	Deutsch-Japanisch	(MD 6139)
	Deutsch-Spanisch	(MD 6146)
	Deutsch-Türkisch	(MD 6133)
Diaserie		(MD 6126)
Tonmaterialien:	Tonbänder	(MD 6123)
	Cassetten 3	(MD 6129)
	Cassetten 4	(MD 6130)
Lehrerheft zu Teil 3 und 4		(MD 6119)

Mittelstufe

Lehrbuch – Teil 5		(MD 6105)
Literaturkurs		(MD 6107)
Diaserie		(MD 6110)
Tonmaterialien:	Tonbänder 5	(MD 6140)
	Cassetten 5	(MD 6150)
	Cassette L	(MD 6108)
Lehrerheft zu Teil 5 und		
zum Literaturband		(MD 6120)

Inhaltsverzeichnis

Kapitel 1

Arbeitswelt

1 👓

● **Bildgeschichte A**[1]

EDELSTEINE

1 Idar-Oberstein, eine Stadt westlich von Frankfurt. Hier wird in jedem zweiten Haus Schmuck hergestellt.

2 Wir sind in einer Edelstein-Schleiferei. In dieser Werkstatt arbeiten hochqualifizierte Spezialisten. Was passiert hier mit einem Edelstein?

3 Der Edelstein wird zuerst geschnitten.

4 Er wird genau gemessen.

5 Und er wird geschliffen. Der Schleifstein muß sehr hart sein.

6 Dann wird der Edelstein fein poliert.

7 Die Steine werden in Gold und Silber gefaßt, der Schmuck wird im Schaufenster ausgestellt.

8 Und wenn er nicht gestohlen wird, wird er teuer verkauft.

[1] Die Bilder 3, 4, 5 und 6 zeigen Arbeitsgänge, die nur bei fließendem Wasser möglich sind, die Aufnahmen können daher nicht völlig scharf sein.

2

● **Studie**

Bitte ergänzen Sie *werden*

a Wir waren in Idar-Oberstein. Dort ____*wird*____ in jedem zweiten Haus Schmuck produziert.

b Aus der ganzen Welt _____ Edelsteine hierher nach Idar-Oberstein geliefert.

c Hier _____ alle Arten von Steinen gekauft und bearbeitet.

d Jeder Stein _____ von erfahrenen Spezialisten geprüft.

e Die Steine _____ hier geschnitten, geschliffen und poliert.

f Die fertig bearbeiteten Edelsteine _____ in alle Städte der Bundesrepublik geliefert.

g Sie _____ von Künstlern und Goldschmieden in Gold, Silber, Kupfer gefaßt.

h Im Edelsteinmuseum Idar-Oberstein _____ alter und moderner Schmuck gezeigt.

3

● **Studie**

Bitte ergänzen Sie *werden*

a _____ die Post heute noch erledigt?

b Die Rechnungen müssen sofort bezahlt _____.

c Heute _____ nur bis 12.00 gearbeitet.

d Höchste Zeit, daß der Schreibtisch neu lackiert _____.

e Dazu müssen die Kollegen gefragt _____.

f Wann _____ das Büro endlich renoviert?

g Die Schreibmaschine muß repariert _____.

h Ich bin nicht gefragt _____.

4
● Elemente

SO WIRD DAS PASSIV GEBAUT:

werden + Partizip II

Der Edelstein   wird ...   geschliffen
ich   werde ...   gefragt

Passiv Präsens

ich werde gefragt	wir werden gefragt
Sie werden gefragt	Sie werden gefragt
du wirst gefragt	ihr werdet gefragt
er sie es } wird gefragt	} sie werden gefragt

Passiv Präteritum

ich wurde gefragt	wir wurden gefragt
Sie wurden gefragt	Sie wurden gefragt
du wurdest gefragt	ihr wurdet gefragt
er sie es } wurde gefragt	} sie wurden gefragt

Passiv Perfekt

ich bin gefragt worden	wir sind gefragt worden
Sie sind gefragt worden	Sie sind gefragt worden
du bist gefragt worden	ihr seid gefragt worden
er sie es } ist gefragt worden	} sie sind gefragt worden

Hier benützen wir *werden* als Hilfsverb.
   Präsens: Er *wird* gefragt.
   Perfekt: Er ist gefragt *worden*.

Wir können *werden* aber auch als normales Verb benützen:
   Präsens: Er *wird* Ingenieur.
   Perfekt: Er ist Ingenieur *geworden*.

5 👓
Szene

Leo: Heute wird wahnsinnig gearbeitet!
Carola: Zitrone oder Rum?
Leo: Rum bitte. Die Post wird heute erledigt. Zwanzig Briefe werden
         geschrieben.
Carola: Aber Leo! Bist du krank? Außerdem ist die Schreibmaschine kaputt.
Leo: Die Zwetschgen werden geerntet!
Carola: Ich glaub, dich hat wirklich die Arbeitswut gepackt.
Mausi: Die Zwetschgen? Die sind doch noch ganz grün.
Leo: Butter bitte. Und dann werden die alten Zeitungen verbrannt, die
         blöden Modeillustrierten, zum Donnerwetter!
Mausi: Keine Modezeitung wird verbrannt, die werden alle gesammelt.
Leo: Die Rechnungen werden bezahlt ... nächste Woche. Salz. Das
         Holz wird geschnitten!
Mausi: Kein Strom heute. Schade.
Leo: Kein Strom? Katastrophe!!
Carola: Mein lieber Leo, ich hab eine ganz große Arbeit für dich. Die Gans
         muß aufgegessen werden.
Leo: Ach Mensch! Wenn ich e i n m a l Lust habe zu arbeiten, werde ich
         ausgelacht.
Carola: Armer Leo.

6 👓
Bitte sprechen Sie

Die Uhr geht nicht.
    → Sie wird morgen repariert.

Der Stuhl ist kaputt.
Die Maschine geht nicht.
Das Fenster schließt nicht.
Der Ring ist kaputt.
Die Heizung geht nicht.
Die Lampe brennt nicht.
Das Telefon geht nicht.
Die Rollschuhe sind kaputt.
Der Ofen brennt nicht.

Durst wird durch Bier erst schön, das weiß in München jedes Kind. Aber Bier wird erst schön durch die richtige „Pflege": Das wissen, leider, nicht einmal alle Münchner Wirte.

Die richtige Temperatur: Gelagert wird Bier zwischen 3 und 7 Grad, getrunken zwischen 7 und 10 Grad. Über 10 Grad ist das Bier gefährdet, unter drei Grad wird es kältetrüb.

Das Einschenken: Für Pils und Weißbier gibt es da besondere Tricks. Das Pils einmal bis zum Glasrand einschenken, dann eine Minute warten, nachschenken, wieder warten, zum Schluß die Schaumkrone aufsetzen. Beim Weißbier das Glas schräg halten, langsam einlaufen lassen, erst zum Schluß das Glas absetzen und den Schaum aufsetzen. Prost!

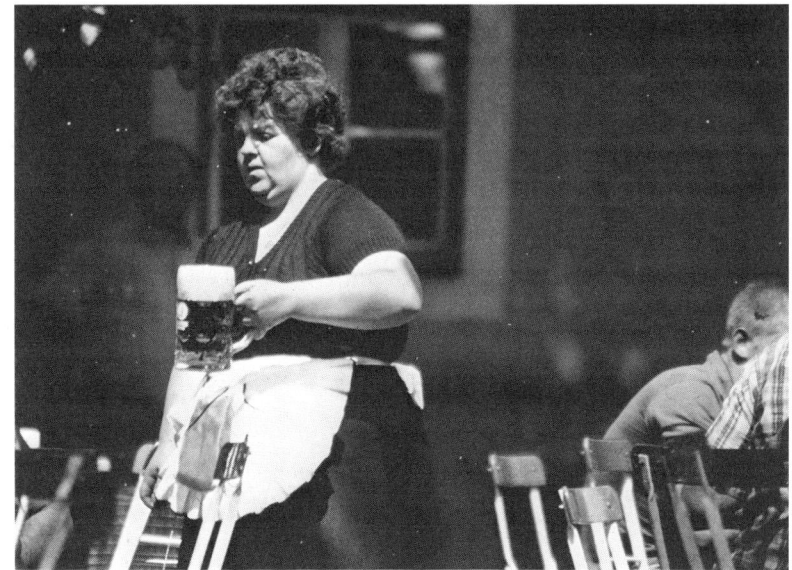

7
Unterhaltung

Fragen Sie einander

Was wird in Japan getrunken?   → In Japan wird Sake getrunken.

Was wird in Italien gegessen?
Was wird in Ihrem Land getanzt?

8
Bitte sprechen Sie

Die Schule ist wirklich zu klein.
→ Ja ja, die neue Schule wird schon gebaut.

Das Rathaus ist wirklich zu klein.
Die Werkstatt ist wirklich zu klein.
Das Institut ist wirklich zu klein.
Der Kindergarten ist wirklich zu klein.
Die Klinik ist wirklich zu klein.
Das Stadion ist wirklich zu klein.
Die Garage ist wirklich zu klein.
Die Mensa ist wirklich zu klein.
Der Sportplatz ist wirklich zu klein.

9
● Darstellung

Machen Sie sich (am besten in kleinen Gruppen) die folgenden Arbeitsvorgänge klar (jede Gruppe kann 1–2 Themen bearbeiten). Die nötigen Wörter finden Sie in Klammern. Stellen Sie dann im Plenum dar:

a Wie macht man ein Regal? *(messen, schneiden, schleifen, verschrauben, lackieren ...)*

b Wie stellt man Marmelade/Saft/Wein her? *(ernten, waschen, filtern, füllen, verschließen ...)*

c Wie wird ein Film gemacht? *(schreiben, wählen, proben, diskutieren, drehen, schneiden ...)*

Beispiel: *Die Bretter werden gemessen.*

10
Lesetext

Die neue Zeit kam mit der Bahn. Genau 999 Einwohner hatte das Dorf Herne, als im Jahr 1846 die Eisenbahn zum Rhein eröffnet wurde. Im Jahr 1914 wurden in Herne 56 000 Einwohner gezählt, heute sind es
5 188 000. Durch den Bau der Eisenbahn trat Herne über Nacht in ein neues Zeitalter ein.
Die Kohlefelder von Herne wurden zwar von einem deutschen Kaufmann entdeckt. Aber es fehlten Leute mit dem nötigen Mut und Geld. Sie kamen aus Irland,
10 staunten über die Schätze, die sie hier im Boden fanden, und sagten: „Diese Leute hier verstehen nicht, was sie haben."
Im Jahr 1857 wurde der erste Schacht gegraben. Bei 144 m Tiefe erreichte er das Steinkohlengebirge. Die
15 ersten Kohlen wurden 1860 gefördert – von einer Zeche, die einen englischen Namen trug: Shamrock.
Die entscheidende Voraussetzung für den industriellen Aufstieg war der Ausbau der Verkehrswege. In den Jahren 1900–1905 entstand der Rhein-Herne-Kanal,
20 der bei Duisburg in den Rhein mündet.
Für die rapide Entwicklung wurden Menschen gebraucht. Sie kamen aus Hessen, Thüringen, Ostpreußen und vor allem aus Polen. Um 1918 wurde in Herne fast ebensoviel Polnisch gesprochen wie Deutsch: 30% der Bevölkerung waren Polen. Der heutige Ruhr-Slang ist 25 ein knappes Verständigungsdeutsch, das keine genauen Unterschiede zwischen Dativ und Akkusativ macht, mit manchen Anklängen ans Polnische.
Der Ölrausch, den die westliche Welt zwanzig Jahre lang träumte, hat die industrielle Struktur des Ruhrge- 30 biets völlig verändert. Fast alle Zechen wurden in den Jahren 1955–1975 stillgelegt, ungezählte Arbeiter entlassen. Doch: der Triumph des Öls – war er nur eine Illusion? Unter den Alternativen zum Öl ist die Kohle die weitaus sicherste. Zwanzig Milliarden Tonnen Kohle 35 ruhen noch im Ruhrgebiet. Gibt es eine Renaissance des Bergbaus?

11
Textarbeit

a Suchen Sie Herne auf einer Landkarte und beschreiben Sie die geographische Lage der Stadt!
b Finden Sie für die sechs Teile unseres Textes Überschriften!
c Holen Sie die Jahreszahlen aus unserem Text heraus und stellen Sie eine Zeittafel auf (schreiben Sie den Text dieser Zeittafel im Präsens). Überschrift dieser Zeittafel?

Ruhrbergbau um 1890

Aufgabe
Alle diese Bilder wurden in Herne
aufgenommen. Was fällt Ihnen dazu
ein? Schreiben Sie zu jedem Bild ein
oder zwei Sätze.

12
Textarbeit

Die Kohlefelder von Herne _____ von Wilhelm Endemann _____ und gekauft. Er

verkaufte sie wieder an eine Gesellschaft von acht Iren und einem Engländer. Mit dem Bau der Zeche _____

1857 begonnen. Sie _____ „Zeche Shamrock" genannt. In der irischen Gesellschaft _____

zwar deutsche Bergarbeiter beschäftigt, aber am Kapital waren nur Engländer und Iren beteiligt.

5 Die erste Eisenbahn nach Herne _____

_____ gebaut. Der Rhein-Herne-Kanal_____

_____ .

In Herne _____ im Jahr 1846 nur 999 _____ .

Heute _____ .

10 Die meisten Zechen _____ in den Jahren 1955–1975 _____ . Fast alle

Bergarbeiter _____ . Ist die Geschichte des Ruhrbergbaus damit zu

Ende? _____

_____ .

13
Studie

Die Firma Mohr in Herne _____ im Jahr 1869 gegründet. Nach dem Tod des Gründers, Ing.

Heinrich Zwilling, _____ die Firma von Ing. Friedrich Mohr übernommen.

Das Werk _____ zu einem der wichtigsten Unternehmen für Berg- und Straßenbaumaschinen

ausgebaut.

5 Zum Kriegsende 1945 _____ das Werk stillgelegt. Erst 1949 konnte der Betrieb durch den Enkel von

Friedrich Mohr, Hans Mohr, neueröffnet werden. Die Tradition des Hauses, sorgfältige Arbeit und Qualitätsbewußt-

sein, _____ auch heute fortgesetzt.   Die Namen der Firma und der Besitzer wurden geändert.

14
Textarbeit   zu Nummer 13

a Nennen Sie die Verben, die in diesem Text vorkommen, im Infinitiv!
b Welche Synonyme gibt es hier für das Wort „Firma"?

15 ☉☉
● **Hören und verstehen**

Sie hören ein Interview mit einem Bergmann aus dem
Ruhrgebiet. Sie hören das Interview zweimal. Beim
erstenmal beantworten Sie bitte diese zwei Fragen:

1 Warum ist Kohle heute wieder wichtig?

2 Warum ist Fritz Lienke Bergmann geworden?

Sie hören jetzt das Interview noch einmal. Beantworten Sie nun die folgenden Fragen:

3 Ist die Arbeit von Fritz Lienke ein Job oder ein Beruf? Was ist der Unterschied?

4 Wie tief ist das Bergwerk, wo Fritz Lienke arbeitet?

5 Wozu wird heute noch Kohle gebraucht?
a nach der Meinung von Fritz Lienke
b nach Ihrer Meinung

6 „Glück auf" ist der alte Bergmannsgruß. Er hat in diesem Beruf vielleicht eine besondere Bedeutung.

16
Ihre Rolle, bitte

a Arbeiter, Vorgesetzter. Der Arbeiter bittet um Vorschuß.

b Händler, Käufer. Der Käufer möchte einen Gebrauchtwagen kaufen: Gespräch vor der Probefahrt, Probefahrt, Gespräch nach der Probefahrt.

c Besucher, Chef (in zwei Zimmern), Sekretärin (geht zwischen den Zimmern hin und her). Der Chef möchte den Besucher nicht empfangen.

d Ober, Gast. Der Ober will dem Gast keinen Alkohol mehr bringen, weil er schon betrunken ist.

17
Lesetext

Er hatte eine Bretterwand gebaut. Die Bretterwand entfernte die Fabrik aus seinem häuslichen Blickkreis. Er haßte die Fabrik. Er haßte seine Arbeit in der Fabrik. Er haßte die Maschine, an der er arbeitete. Er haßte seine
5 Frau, so oft sie ihm sagte, heut nacht hast du wieder gezuckt. Er haßte sie, bis sie es nicht mehr erwähnte. Aber die Hände zuckten weiter im Schlaf, zuckten im schnellen Stakkato der Arbeit. Er haßte den Arzt, der ihm sagte, Sie müssen sich schonen. Er haßte den Meister,
10 der ihm sagte, ich gebe dir eine andere Arbeit. Er haßte so viele verlogene Rücksicht. Dann wurde er krank, nach vierzig Jahren Arbeit und Haß zum ersten Mal krank. Er lag im Bett und blickte zum Fenster hinaus. Er sah sein Gärtchen. Er sah den Abschluß des Gärtchens, die Bretterwand. Weiter sah er nicht. Die Fabrik sah er nicht, 15 nur den Frühling im Gärtchen und eine Wand aus Brettern. Bald kannst du wieder hinaus, sagte die Frau. Er glaubte ihr nicht. Geduld, nur Geduld, sagte der Arzt, das kommt schon wieder. Er glaubte ihm nicht. Es ist ein Elend, sagte er nach drei Wochen zu seiner Frau, ich 20 sehe immer das Gärtchen, sonst nichts, nur das Gärtchen, das ist mir zu langweilig, immer dasselbe Gärtchen, nehmt doch einmal zwei Bretter aus der verdammten Wand, damit ich was anderes sehe. Die Frau erschrak. Sie lief zum Nachbarn. Der Nachbar kam und 25 löste zwei Bretter aus der Wand. Der Kranke sah durch die Lücke hindurch, sah einen Teil der Fabrik. Nach einer Woche beklagte er sich, ich sehe immer das gleiche Stück der Fabrik, das lenkt mich zu wenig ab. Der Nachbar kam und legte die Bretterwand zur Hälfte 30 nieder. Zärtlich ruhte der Blick des Kranken auf seiner Fabrik, verfolgte das Spiel des Rauches über dem Schlot, das Ein und Aus der Autos im Hof, das Ein des Menschenstromes am Morgen, das Aus am Abend. Nach vierzehn Tagen befahl er, die stehengebliebene 35 Hälfte der Wand zu entfernen. Ich sehe unsere Büros nie und auch die Kantine nicht, beklagte er sich. Der Nachbar kam und tat, wie er wünschte. Als er die Büros sah, die Kantine und so das gesamte Fabrikareal, entspannte ein Lächeln die Züge des Kranken. Er starb 40 nach einigen Tagen.

KURT MARTI

18
Textarbeit

a Warum baute der Mann die Bretterwand?

b Bitte erklären Sie den Ausdruck „verlogene Rücksicht".

c Der „Frühling im Gärtchen" genügte ihm wohl nicht?

d Können Sie das Lächeln (Zeile 40) erklären – woher kommt es?

e Teilen Sie bitte die Geschichte in drei oder vier Teile ein und geben Sie den Teilen Überschriften.

f Finden Sie eine Überschrift für die ganze Geschichte.

19
Unterhaltung

im Plenum oder in kleinen Gruppen, individuell vorbereitet oder in kleinen Gruppen vorbereitet

a Haben Sie schon in einer Fabrik, in einer Werkstatt, auf dem Land gearbeitet? Bitte berichten Sie.

b Halten Sie es für wichtig, daß jeder Mensch einmal für längere Zeit körperlich arbeitet – ja? nein? wie lange? wann? warum?

c Zählen Sie die Probleme auf, die die industrielle Entwicklung, der moderne Arbeitsrhythmus, die Arbeit an der Maschine mit sich bringt.

d Wenn Fabrikarbeit nicht nach den Stunden, sondern nach der Leistung (Stückzahl) bezahlt wird, nennen wir das Akkordarbeit. Was halten Sie von der Akkordarbeit?

Der dreiundvierzigjährige Marx in London

20
● Textarbeit

Vorbereitung auf den Lesetext (21)

Das zentrale Thema der Philosophie von Karl Marx ist das Problem der Arbeit. Arbeit, die der Mensch nicht freiwillig leistet, sondern zu der er gezwungen wird, ist nicht seine Arbeit, Sie ist ihm fremd.

5 Wer etwas tut, was ihm fremd ist, wird sich selbst fremd. Er verliert sich selbst. Er verwandelt sich in eine Sache, in ein Ding. Wenn der Mensch seine Arbeit nicht bejahen kann, sondern verneinen muß, wird es unproduktive Arbeit, unschöpferische Arbeit. Nur der schöpferische

10 Mensch ist ein freier Mensch, und umgekehrt: nur der freie kann schöpferisch sein. „Der Mensch produziert erst wahrhaft in der Freiheit" (Marx)[1]. Der Kampf von Karl Marx geht um den Menschen, der ist, was er tut.

[1] Ökonomisch-Philosophische Fragmente

Schreiben Sie die wichtigsten Informationen hierher an den Rand

Marx: Hauptthema Arbeit

21
● Lesetext

Arbeit, die unter Zwang geschieht, entfremdet den Menschen von sich selbst. Unfreie, unschöpferische Arbeit ist, wenn sich der Mensch „in seiner Arbeit nicht bejaht, sondern verneint, nicht wohl, sondern unglück-
5 lich fühlt." Dann ist der Arbeiter „außer der Arbeit bei sich und in der Arbeit außer sich. Zu Hause ist er, wenn er nicht arbeitet, und wenn er arbeitet, ist er nicht zu Haus. Seine Arbeit ist daher nicht freiwillig, sondern gezwungen, Zwangsarbeit."[1] Marx' Kritik trifft nicht die
10 ungerechte Verteilung des Geldes, sondern die unfreie Arbeit: „Eine gewaltsame Erhöhung des Arbeitslohns wäre nur eine bessere Salairierung der Sklaven und hätte weder dem Arbeiter noch der Arbeit ihre menschliche Bestimmung und Würde erobert."[2]
15 „Die Philosophie von Marx", so faßt Erich Fromm zusammen, „ist ein Protest gegen die Entfremdung des Menschen, gegen den Verlust seiner selbst und seine Verwandlung in ein Ding. Diesen Protest erhebt er gegen die Dehumanisierung und Automatisierung des
20 Menschen im Industrialismus."[3]
Marx selbst nennt seine Lehre weder einen Materialismus, noch einen Idealismus, sondern einen Humanismus.[4] „Radikal sein ist die Sache an der Wurzel fassen. Die Wurzel für den Menschen ist aber der Mensch
25 selbst."[5]
Der „positive Humanismus", den Marx vertritt, kämpft nicht für irgendein System, sondern für den freien, „den wirklichen, den individuellen Menschen" (Ernst Fischer).[6]

[1] Ökonomisch-Philosophische Fragmente
[2] MEGA I, 3,92
[3] Erich Fromm: Das Menschenbild bei Marx (Frankfurt 1980), S. 7
[4] Kritik der Hegelschen Dialektik XXVI
[5] Kritik der Hegelschen Rechtsphilosophie, Einleitung
[6] Ernst Fischer: Was Marx wirklich sagte (Wien 1968), S. 17

22
Textarbeit

a Bitte formulieren Sie den Satz Zeile 9–14 anders, beginnen Sie so: Die Hauptsorge von Marx war nicht, daß …
b Die Arbeit in der Fabrik spielt hier eine entscheidende Rolle. Was bewirkt sie nach Marx?
c Unser Lesetext (21) ist vielleicht subjektiv, einseitig. Aber wahrscheinlich muß jeder Kommentar zu Marx einseitig sein. Stimmt das? Warum – warum nicht?

Von diesen deutschen Autoren gibt es die meisten Übersetzungen in fremde Sprachen:		
	Zahl der Übersetzungen	Zahl der Länder, wo die Autoren übersetzt wurden
K. Marx	654	22
F. Engels	445	21
[Märchen der Brüder] Grimm	332	16
K. May	294	8
J. W. v. Goethe	220	16
B. Brecht	187	15
Th. Mann	157	15
H. Hesse	131	19

1

2

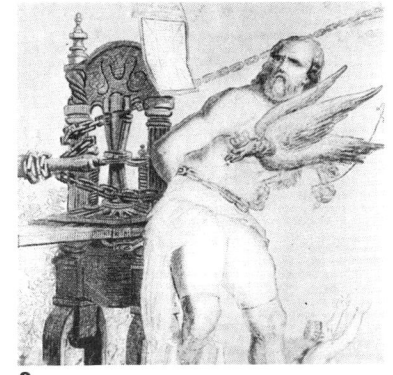

3

4

23
Bildgeschichte B

KARL MARX

5

6

7

8

1 Es gibt Trierer, die behaupten, Trier sei älter als Rom. Das ist stark übertrieben. Trier wurde vor 2000 Jahren von den Römern gegründet.

2 In diesem Haus in Trier wurde Karl Marx 1818 geboren.

3 Marx als Prometheus. Denn so fanatisch wie der Revolutionär Prometheus kämpfte Marx in seiner „Rheinischen Zeitung" für die Wahrheit.

4 Natürlich wurde das Blatt verboten, Marx ging nach Paris. Hier in dieser Straße wohnte er.

5 Übrigens nicht allein, sondern mit seiner jungen Frau Jenny.

6 Hier lernte er Friedrich Engels kennen. In den Pariser Gesprächen sind die Grundlinien der marxistischen Philosophie entwickelt worden. Unser Bild zeigt Marx in Schwarz, rechts hinter ihm steht Engels.

7 Den größeren Teil seines Lebens verbrachte Marx in London, davon einige Jahre in der Straße hier.

8 In London erschien auch das Kommunistische Manifest: eine Gemeinschaftsarbeit, die etwa zu gleichen Teilen von Marx und von Engels geschrieben wurde.

24
● **Lesetext**

Karl Marx, geboren 1818 in Trier, besuchte das Gymnasium in Trier, studierte 1835–1841 in Bonn und Berlin die Rechte, schrieb 1842–1843 für die „Rheinische Zeitung", heiratete 1843 Jenny von Westphalen (die
5 ihm sieben Kinder gebar, von denen vier vor ihm starben).
1845 Paris, 1847 Brüssel, ab 1849 London. 1867 erschien *Das Kapital* Band I.
Marx starb 1883 in London, zwei Jahre nach dem Tod
10 seiner Frau. 1885 erschien der 2. Band von *Das Kapital*, 1893 der dritte. Die wichtigen Frühschriften sind erst seit 1932 bekannt.

25
● **Schreibschule**

Bitte bilden Sie kleine Gruppen. Schreiben Sie in den Gruppen gemeinsam die Biographie von Karl Marx, benützen Sie dazu die Bildgeschichte (23) und den Lesetext (24) und – wenn Sie wollen – andere Quellen. Versuchen Sie dann, in einer Redaktionsgruppe einen gemeinsamen Text der ganzen Klasse herzustellen.

26
Das richtige Wort

machen oder haben? *Und wie heißt das Verb?*

eine Arbeit _____machen_____ = arbeiten

einen Spaziergang _____machen_____ =

einen Versuch _____machen_____ =

eine Meinung _____haben_____ =

einen Sprung _____machen_____ =

eine Frage _____haben_____ =

eine Entdeckung _____machen_____ =

27
Diskussion

Wie heißt der Artikel? Wie heißt der Plural? Von welchen Verbformen kommen diese Nomen?

Fund, Förderung, Aufstieg, Ausbau, Verständigung, Klang, Traum, Herstellung, Schnitt, Schliff, Fassung, Ausstellung, Produktion, Kauf, Prüfung, Bezahlung, Ernte, Brand, Essen, Tanz, Öffnung, Ruhe, Empfang, Blick, Wunsch, Kampf, Spaziergang, Betrug, Frage.

28
Das richtige Wort

Was kann man herstellen? _____Schuhe, Taschen,_____

Was kann man bauen? schneiden? messen? ernten? fördern?

29
Rätsel

Ein Zeitgenosse von Karl Marx. Wie heißt er? Die ersten Buchstaben der fehlenden Worte sagen es Ihnen

Anfangsbuchstabe

1 _F_ Dieser Stein hat eine besonders schöne _____Form_____.

2 _____ _____ bitte! Ich will Musik hören.

3 _____ Das habe _____ noch nie gehört!

4 _____ Eine bekannte _____-Schleiferei.

5 _____ _____ – der wertvollste Edelstein.

6 _____ Die _____ muß sofort bezahlt werden.

7 _____ Der Rhein mündet _____ den Atlantik.

8 _____ Er singt im Kirchen _____.

9 _____ Ein Schnitzel, schnell! Ich habe _____!

10 _____ Kolumbus, ein großer _____.

11 _____ Mein _____ ist Miller.

12 _____ Wein – mein liebstes _____.

13 _____ Die Obst _____ war dieses Jahr sehr gut.

14 _____ Das Haus _____ direkt am Meer.

15 _____ Die Schere _____ schlecht.

Roman

TEIL 1

„Guten Abend, haben Sie bei uns angerufen?"
„Ja. Bitte kommen Sie herein. – Das . . . das . . . das war unheimlich . . ."
„Schön der Reihe nach, wir müssen ein Protokoll
5 aufnehmen. Karl, schreibst du mit?"
„Ja, ich bin schon so weit."
„Na also, jetzt erzählen Sie mal."
„Also wissen Sie, ich komme da vom Laden nach Haus zurück, und da sitzt doch so ein Typ mitten im Wohn-
10 zimmer. Ich habe ihn natürlich gefragt, wie er herein-kommt, und er grinst mich so ganz blöd an, gibt aber keine Antwort und sagt nur: Hoffentlich störe ich Sie nicht, gnädige Frau; wir hätten ein paar Fragen an Sie. Und da habe ich ihn gefragt, ob er von irgendeinem Amt
15 kommt, und da lächelt er wieder so unverschämt und sagt: Ja, so könnte man sagen. – Aber dann hab ich . . . ich habe ihm gesagt, ich rufe sofort die Polizei an, wenn er nicht verschwindet. Und wissen Sie, was er da gesagt hat? Regen Sie sich doch nicht auf, gnädige Frau, ich
20 werde Ihre Wohnung schneller verlassen, als Sie es für

möglich halten. Da bin ich ans Telefon und habe den Notruf gewählt. Und wie ich über die Schulter schaue, war der Kerl weg. Ich habe gedacht, mich trifft der Schlag. Darum hat es auch ein bißchen gedauert, bis ich Ihnen – oder wer das war – die Situation erklären 25 konnte." „Ist das alles? Haben Sie sich schon in der Wohnung umgesehen?" „Nein. Ich hatte so eine Angst. Ich habe an der Tür gewartet, bis Sie kamen."
„Nun, da sollten wir uns mal umschauen. Karl, stell du dich an die Eingangstür. Das ist ja wohl der einzige 30 Ausgang, nicht wahr, Frau . . ." „Platzke ist mein Name."
„Ja – also – Frau Platzke. Gibt es noch einen anderen Ausgang?"
„Nein. Wenn er nicht die Hauswand hinunterklettern 35 kann."
„Schön. Dann kämme ich mal die Wohnung durch."

Wer ist der Unbekannte? Raten Sie!

Kapitel 2

Kinder

1

● **Lesetext**

„Komm her, Alupwa."

„Ich will nicht."

„Doch, komm, ich muß nach Hause gehen. Komm!"

„Ich will aber nicht!"

„Doch, komm, der Vater ist schon vom Markt zurück und ist hungrig, wenn 5
er die ganze Nacht gefischt hat."

„Nein, ich will nicht!" Die dreijährige Alupwa verzieht trotzig den Mund.

„Aber komm doch, mein Töchterchen, wir müssen jetzt gehen!"

„Ich will nicht!"

„Wenn du jetzt nicht kommst, muß ich dich nachher holen. Und was ist, 10
wenn die Tante das Kanu nimmt? Du würdest weinen. Und wer soll dich
heimbringen?"

„Der Vater!"

„Der Vater wird mich schimpfen, wenn du nicht zu Hause bist. Er mag es
nicht, daß du so lang hier bleibst!" 15

„Macht nichts!" Das Kind entschlüpft den Händen der Mutter, die es
festhalten will, dreht sich um und schlägt ihr mitten ins Gesicht. Alle lachen.
Nun meint die Schwester der Mutter: „Alupwa, du mußt jetzt mit deiner
Mutter heimgehen," worauf das Kind auch nach ihr schlägt. Die Mutter gibt
den Kampf auf, Alupwa stolziert zur Haustür hinaus. 20

MARGARET MEAD

2

● **Unterhaltung**

(1) Mit welchen Gefühlen haben Sie die Geschichte gelesen?

(2) Die Autorin beschreibt in diesem Text Menschen aus dem Volk der Manus in einem Dorf auf den Admiralitätsinseln nördlich Neuguineas. Was kommt Ihnen merkwürdig vor?

(3) Bitte charakterisieren Sie das Verhalten der Mutter und das Verhalten des Kindes. Versuchen Sie, Vorzüge und Nachteile in dem Verhalten der beiden zu sehen.

(4) Wie würde dieselbe Szene in Ihrem Land ablaufen?

Aufenthalt und Spielen
im Vorgarten und Hof
verboten

Eltern haften für ihre Kinder

Das Spielen der Kinder
im Garagenhof ist
polizeilich untersagt
Im Übertretungsfalle haften
die Eltern für ihre Kinder
Der Eigentümer

Spielen
in Hof und Einfahrt
verboten.

Spielen
im Garagenhof
verboten !

Eltern haften für ihre Kinder

Unbefugten sowie Kindern ist
das Betreten des Garagenhofes
verboten !
Die Garagenmieter werden gebeten
das Tor immer abzuschließen

Kein
öffentlicher Spielplatz

Eltern haften für ihre Kinder

Grünfläche darf als
· Spielplatz ·
nicht benutzt werden.
Zuwiderhandlungen
werden geahndet.
· Bergbau-Museum ·

Spielen und
Rollschuhlaufen
nicht gestattet

Das Spielen der
Kinder auf dem Hof
ist untersagt !

Fußballspielen
nicht erlaubt

AKTIENBAUGESELLSCHAFT
FÜR KLEINE WOHNUNGEN

Spielen der Kinder
auf dem Hof verboten

Das Spielen und der
Aufenthalt von Kindern
ist hier verboten.

**Privatgrundstück!
Kein
Kinderspielplatz**

Das Spielen der
Kinder auf Hof, Flur
und Treppen ist im
Interesse aller
Mieter untersagt

3

● **Lesetext**

Von 100 Deutschen fühlen sich 56
durch Kinderlärm gestört. So führte
ein Rentner aus Trier einen Prozeß,
weil Kinder auf dem Spielplatz bei
5 seiner Wohnung zu laut waren. Der
Richter lehnte die Klage ab: es sei
normal, daß Kinder toben. Anders
entschied ein Richter in Celle: ein
Spielplatz mußte geschlossen wer-
10 den, weil eine Lehrerin erklärte, ein
Recht auf Ruhe zu haben. Eine
Umfrage, welche Eigenschaften bei
Kindern besonders wünschenswert
seien, ergab: Gehorsam steht an
15 erster Stelle, Frohsinn an letzter,
denn der Frohsinn der Kinder erreicht das Ohr der Erwachsenen.
Verkehrslärm nehmen die Erwachsenen als gottgegeben hin (sie pro-
20 duzieren ihn schließlich selber),
aber Kinderlärm bringt sie auf die
Palme. „Die Deutschen haben noch
nicht verstanden, daß ihre Kinder ein
Recht auf ein eigenes Leben haben"
25 (S. Seegers).

4
Textarbeit

a Wahrscheinlich handelt es sich in dem Text nicht um ein oberflächliches Problem. Es könnte mehrere Wurzeln haben.

b Der Text (3) berichtet von der Bundesrepublik, der Text (1) von einer archaischen Kultur. Vergleichen Sie damit die Situation in Ihrem Land. Erzählen Sie, bringen Sie viele konkrete Beispiele!

5
Gespräch

Versuchen Sie, die folgenden Fragen sorgfältig zu beantworten (am besten in kleinen Gruppen: jede Gruppe übernimmt ein Thema). Finden Sie möglichst auch Beispiele. Tragen Sie Ihre Ergebnisse dann im Plenum vor.

a Wie wollen Kinder eigentlich spielen?

b Was lernen Kinder beim Spielen?

c Gibt es Kinder, die „besser" spielen können als andere?

d Wie, wo, womit können Großstadtkinder spielen?

> Ich bin ein Kind,
> ein ganz normales Kind.
> Aber ich lebe nicht wirklich.
> Ich bin in einem Raum eingeengt,
> weil ich Schutz suche,
> Schutz vor der Überschwemmung.
> Alle Leute fürchten sich,
> manche retten sich,
> manche sterben grauenhaft.

Dieses Gedicht und das Gedicht auf Seite 25 stammen von Iris H., 9 Jahre

6
Interview

Machen Sie mit einem Freund, Partner, Kameraden ein Interview zum Thema *Kinderspiele*. Überlegen Sie vorher einige Fragen. Nehmen Sie das Interview mit dem Cassettenrecorder auf oder notieren Sie die Antworten kurz; ergänzen Sie später Ihre Notizen. Tragen Sie die interessantesten und originellsten Ergebnisse Ihres Interviews in der Klasse vor. Fragen Sie zum Beispiel nach den Spielkameraden, nach dem Kindergarten usw.

7
Darstellung

Wählen Sie eins der folgenden Themen. Machen Sie sich Notizen und reden Sie dann frei. Oder schreiben Sie einen kleinen Essay über das Thema.

a Können Erwachsene von Kindern lernen?

b Kinder sind von Gefahren umgeben.

c Höchster Wert für ein Kind: die Zeit, die der Vater oder die Mutter ihm widmet.

8
Lesetext

Sechsjähriger

Er durchbohrt Spielzeugsoldaten mit Stecknadeln. Er stößt sie ihnen in den Bauch, bis die Spitze aus dem Rücken tritt. Er stößt sie ihnen in den Rücken, bis die Spitze aus der Brust tritt. Sie fallen.
„Und warum gerade diese?"
„Das sind doch die andern."

REINER KUNZE

9
Darstellung

Kinder sollten kein Kriegsspielzeug bekommen. Sind Sie damit einverstanden?

Dann setzen Sie sich bitte zusammen (in kleinen Gruppen) und überlegen Sie sich, wie ein gutes Plakat gegen Kriegsspielzeug aussehen könnte. Adressat des Plakats: Eltern, Erzieher, Spielzeughändler. Nehmen Sie ein großes Stück Packpapier und malen Sie das Plakat!

„laut denken"

Sagen Sie alles, was Ihnen
zu den Bildern einfällt!

REFLEXIVE VERBEN

Ich wasche sie.

Ich putze ihr die Nase.

Sie wäscht sich.

Sie putzt sich die Nase.

ich wasche	mich,	und ich	putze	mir	die Nase.
Sie waschen	sich,	und Sie	putzen	sich	die Nase.
du wäschst	dich,	und du	putzt	dir	die Nase.
er sie } wäscht es	sich,	er und sie } es	putzt	sich	die Nase.
wir waschen	uns,	und wir	putzen	uns	die Nase.
Sie waschen	sich,	und Sie	putzen	sich	die Nase.
ihr wascht	euch,	und ihr	putzt	euch	die Nase.
sie waschen	sich,	und sie	putzen	sich	die Nase.

Akkusativ!   *Dativ!*

DAS VERB DIRIGIERT DEN SATZ

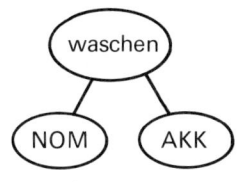 Mutti wäscht mich.

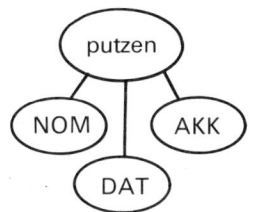 Mutti putzt mir die Nase.

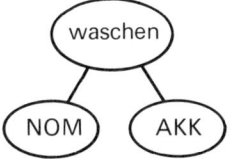 Ich wasche mich.

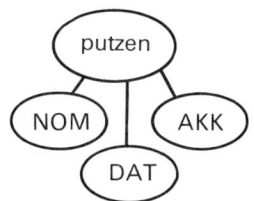 Ich putze mir die Nase.

Wenn der Satz auch eine Akkusativ-Ergänzung hat, steht das Reflexivum im Dativ:

Ich wasche mich.
Ich sehe mich im Spiegel an.

Ich wasche mir die Hände.
Ich sehe mir den Film an.

Malerei von Anne Manuela W., 11 Jahre

11

● Elemente

I Viele Verben *können* das Reflexivum nehmen. Einige Beispiele:

Ich ziehe die Puppe an.	Ich ziehe mich an.
Kennst du das Kind?	Wir kennen uns schon lange.
Den Professor verstehe ich nicht.	Die Zwillinge verstehen sich glänzend.
Und auf einmal hat sie mich geduzt.	Wir duzen uns seit gestern.

II Einige Verben nehmen immer (oder fast immer) das Reflexivum:

ich amüsiere mich	*über +all*
ich ärgere mich	*"*
ich beeile mich	*+ infin*
ich befinde mich	
ich bemühe mich	*+ um +all*
ich bewerbe mich	*"*
ich erinnere mich	an
ich erkundige mich	*nach*
ich entschuldige mich	*für*
ich erkälte mich	
ich freue mich	auf/über
ich fürchte mich	vor
ich gewöhne mich	an
ich irre mich	
ich stelle mich vor	(= begrüße jemand zum erstenmal)
ich unterhalte mich	
ich verabrede mich	mit
ich verliebe mich	in *+all*
ich verspäte mich	
ich vertrage mich	mit
ich wundere mich	über

unpersönlich:

es dreht sich	um
es ereignet sich	
es handelt sich	um

Reflexivum im Dativ:

ich bilde mir ein	
ich bin mir klar	
ich nehme mir vor	
ich stelle mir vor	(= sehe deutlich im Kopf)
ich überlege mir	
wir sind uns einig	

„laut denken"

Sagen Sie alles, was Ihnen zu den Bildern einfällt!

Es war ein armer, kleiner Hund.
Er wurde von jedem verachtet.
Außer von seiner Mutter wurde er
von jedem weggestoßen.
Er war wirklich ein armer Hund.
Bis endlich ein Mensch zu ihm kam.
Es war ein Mädchen.
Es versorgte den Hund.
Es streichelte ihn,
so starb er nicht vor lauter Verachtung.

Die Linolschnitte Seite 26, 27, 29 und 34 stammen von Natascha G., 12 Jahre

**12
Studie**

War wirklich alles anders, als ich klein war? Ich will

versuchen, _mich_ zu erinnern. Wir lebten damals

in einem richtigen Dorf mit Kühen und Pferden – und mit

vielen Kindern. Wir kannten _uns_ alle und

spielten oft miteinander. Wir vertrugen _uns_ 5

oder stritten _uns_, so wie das bei Kindern ist.

Ich kann _mir_ nicht vorstellen, daß wir anders

waren als heutige Kinder. Ich wundere _mich_ oft,

daß man meint, alles müsse _sich_ verändert

haben. Wir spielten „Verstecken" und „Räuber und 10

Gendarm" und „Himmel und Hölle" genauso wie alle

Kinder. Mein Lieblingsspiel war Höhlen bauen: aus

Decken und Tischen im Haus, oder aus Zweigen und

Büschen im Wald.

Abends mußte einer von uns Geschwistern Milch holen, 15

unten im Dorf, beim Bauern. Wenn es mich traf, beeilte

ich _mich_ ganz besonders, denn ich fürchtete

mich vor der Dunkelheit. Ich weiß nicht mehr, was

ich _mir_ für Gespenster einbildete – als Kind

fürchtet man _sich_ einfach. Ich stellte 20

mir vor, daß Tiere _sich_ zwischen den

Bäumen bewegten, daß Geister _sich_ versteck-

ten. Boris, mein Bruder, behauptet, daß er _sich_

nie gefürchtet hat. Aber ich glaube, er kann _sich_

nur nicht mehr dran erinnern. 25

16 Lösungen

„Und was willst du später einmal werden, Wolf-
gang?"
„Ein Soldat . . ."
„Ein Soldat? Das ist schlecht. Wenn du ein Soldat
bist, kommt der Feind und schießt dich tot."
(Pause)
„Dann werd ich ein Feind."

*

„Aber Florian, mein Sohn, wie ißt du denn? Lauter
Flecken machst du! Du bist wirklich ein Ferkel."
„Ja mei – ich – ich . . ."
„Weißt du denn überhaupt, was ein Ferkel ist?"
„Ja, Pappi, das Kind vom großen Schwein."

13
Studie

a Erinnerst du _dich_ wirklich nicht daran, daß ihr _euch_ ~~sich~~ so oft gestritten habt?

b Ich habe _mir_ natürlich eingebildet, daß ich die Schönste bin, und darüber haben _sich_

die andern amüsiert.

c Schau _mir_ mal das Foto an: ein Lehrer und 32 Kinder, und der 33. bin ich, ich hab _mich_

hinter dem Lehrer versteckt.

d Heute wundere ich _mich_, daß wir _uns_ im Winter nicht erkältet haben, so ohne

Mantel und Handschuhe.

e Kannst du _dich_ an den hier mit der roten Mütze erinnern? Der hat _sich_ mit

niemand vertragen.

f Ich hatte _mir_ vorgenommen, mindestens Bundespräsident zu werden. Inzwischen bin ich

~~mit~~ _mir_ klar, daß ich es höchstens zum Lehrer bringe.

g Zum Glück bin ich kein Präsident geworden, ich stelle _mir_ vor, es muß schrecklich sein, wenn

sich alles um einen dreht.

14 👓

● **Bitte sprechen Sie**

Sag ihm, er soll sich die Hände waschen.
→ Wasch dir die Hände!

Sag ihm, er soll sich die Haare kämmen.
Sag ihm, er soll sich die Schuhe putzen.
Sag ihm, er soll sich die Hose bürsten.
Sag ihm, er soll sich die Jacke anziehen.
Sag ihm, er soll sich rasieren.
Sag ihm, er soll sich an den Tisch setzen.
Sag ihm, er soll sich die Speisekarte anschauen.

15

● **Bitte sprechen Sie**

Mausi, Nase putzen!
→ Ich mag mir nicht die Nase putzen.

Mausi, frisieren!
→ Ich mag mich nicht frisieren.

Mausi, Hände waschen!
Mausi, anziehen!
Mausi, Zähne putzen!
Mausi, kämmen!
Mausi, Schuhe putzen!
Mausi, Handschuhe anziehen!

16

● **Suchen und finden**

Hier ist ein Taschentuch.
→ Aha, ich soll mir die Nase putzen?

Hier ist Seife.
Hier ist ein Haarschampun.
Hier ist Zahnkrem.
Hier ist ein Kamm.
Hier ist ein Spiegel.
Hier ist eine Zahnbürste.
Hier ist Schuhkrem.

Aquarell von Konstantin v. K., 10 Jahre

17
● **Suchen und finden**

Schnell, die Haarbürste!
→ Du frisierst dich schon wieder?

Schnell, die Seife!
Schnell, das Haarschampun!
Schnell, die Kleiderbürste!
Schnell, das Bügeleisen!
Schnell, die Zahnkrem!
Schnell, den Spiegel!
Schnell, die Schuhbürste!

18
Ihre Rolle, bitte

a Große Familie am Morgen. Alle haben es eilig. Wer darf zuerst ins Bad?
b Mehrere Mieter eines Hauses, kinderlose und kinderreiche. Die Kinderreichen schlagen vor, daß in dem gemeinsamen Garten ein Spielplatz gebaut wird. Mehrere gegensätzliche Meinungen. Kompromiß?
c Zwei Töchter (12–16 Jahre) wollen von den Eltern Geld fürs Tanzen in einem Lokal.
d Mehrere Freunde überlegen: was unternehmen wir heute abend?

19 ⊙⊙
Bitte sprechen Sie

Frieren Sie nicht?
→ Ich friere nie.

Erkälten Sie sich nicht?
→ Ich erkälte mich nie.

Fürchten Sie sich nicht?
Haben Sie keine Angst?
Ärgern Sie sich nicht?
Ist es Ihnen nicht langweilig?
Werden Sie nicht ungeduldig?
Irren Sie sich nicht?

20
Unterhaltung

Hier treffen sich Leute, die sich nicht füreinander interessieren.
Hier begrüßen sich Leute, die sich nicht verstehen.
Hier unterhalten sich Leute, die sich nichts zu sagen haben.
Hier umarmen sich Leute, die sich nicht leiden können.

a Kennen Sie diese Situation? Zählen Sie die Gelegenheiten auf, die unser Text beschreibt.
b Wie verhalten Sie sich bei solchen Gelegenheiten?

21
Suchen und finden

Antworten Sie ganz frei

Wie habt ihr euch vertragen?
→ Wir vertragen uns immer gut.

Wie habt ihr euch unterhalten?
Habt ihr euch gestritten?
Seit wann kennt ihr euch?
Stimmt es, daß ihr euch gut versteht?
Ach, Sie kennen sich schon?
Ich könnte mir denken, daß sie sich gut vertragen.
Haben Sie sich zufällig getroffen oder haben Sie sich verabredet?
Wo haben Sie sich kennengelernt?
Passen Sie nur auf, daß Sie sich nicht verlieben!

22
Lesetext

Kinder müssen geschützt werden, nicht nur durch ihre
Eltern, sondern auch durch Gesetze. Erst im Jahr 1949
entstand die „Erklärung der Rechte des Kindes", die auf
der Generalversammlung der Vereinten Nationen ohne
Gegenstimme angenommen wurde. Die Charta gilt für 5
alle Kinder, unabhängig von Hautfarbe, Rasse, Sprache
und Religion. Im Grundsatz 2 heißt es: „Das Kind
genießt besonderen Schutz, ihm werden Gelegenheiten
und Vergünstigungen gegeben, sich gesund und natürlich in Freiheit und Würde körperlich, geistig, moralisch, 10
seelisch und sozial zu entwickeln."
In Grundsatz 4 steht: „Das Kind hat das Recht, in
Gesundheit aufzuwachsen und zu reifen, darum werden
ihm und seiner Mutter besondere Fürsorge und Schutz
gewährt. Das Kind hat das Recht auf ausreichende 15
Ernährung, Wohnung, Erholung und ärztliche Versor-
gung."
Die Charta ist 32 Jahre alt, aber erst seit kurzem beginnt
man, darüber nachzudenken, was das eigentlich ist:
ausreichende Wohnung für ein Kind. Wer nimmt sich die 20
Zeit, zu überlegen, wieviel Freiheit ein Kind braucht?
Wer hält es für notwendig, dafür zu kämpfen, daß Kinder
natürlich leben können? In Schweden wurde 1980
verboten, Kinder zu schlagen. Wie viele Länder gibt es
aber, wo es Eltern und Lehrern noch immer erlaubt ist, 25
Kinder zu prügeln, wann sie es gerade für richtig halten?
Es ist vermutlich sehr schwierig, für die Rechte einer
Gruppe zu kämpfen, die ihre Rechte gar nicht kennt.

Kinder klagen an:
Jeder Hund hat es besser

„Jeder Hund und jedes Auto", so faßt eine Elfjährige die Klagen der Kinder zusammen, „hat es besser als wir. Sie dürfen Krach machen, für sie ist Platz da, und man hat sie lieb. Aber wir Kinder werden immer nur angeschnauzt und weggejagt."

Mal eine Ohrfeige ist erlaubt
Lehrer, der Sonderschüler schlug, wurde freigesprochen

x. Auf Antrag des Staatsanwalts hat ein Schöffengericht einen 36 Jahre alten Sonderschullehrer von der Anklage der Körperverletzung

Schüler behaupten:
Der Lehrer prügelt

Zu scharfen Auseinandersetzungen ist es im Heinrich-von-Gagern-Gymnasium zwischen der Schülervertretung und dem Lehrer Siegfried Lohwasser gekommen. Der Lehrer wird von den Schülern beschuldigt, rechtsradikale Propaganda im Unterricht zu betreiben, politisch engagierte Schüler zu diskriminieren und zu schlagen. Siegfried Lohwasser wies diese Beschuldigungen als „erstunken und erlogen" zurück. Auf Antrag der Schule überprüft die Aufsichtsbehörde beim Regierungspräsidenten in Darmstadt die Vorfälle.

„Das Ki
Stück Vieh
Kinderschutzbund über die

Kind zu Tode geprügelt

WIESBADEN (ih). Nach fast zweijähriger Bewußtlosigkeit ist in einem Krankenhaus die siebenjährige Christa H. aus Wicker im Main-Taunus-Kreis den schweren Kopfverletzungen erlegen, die ihr der 40 Jahre alte Stiefvater Hans H. im November 1972 beigebracht hatte. Der Schlosser, der das Kind eine Viertelstunde lang mit den Fäusten und einem Kochlöffel geschlagen hatte, war im Mai vergangenen Jahres von der Ersten Großen Strafkammer des Landgerichts Wiesbaden wegen gefährlicher Körperverletzung und Mißhandlung Abhängiger zu fünf Jahren verurteilt worden.

23
Gespräch

in kleinen Gruppen (jede Gruppe wählt 2–3 der genannten Gesprächspunkte) oder im Plenum

a Wer stimmte für die „Erklärung der Rechte des Kindes"?

b Zählen Sie die Rechte auf, die in der „Erklärung" gefordert werden.

c Vergleichen Sie die „Erklärung" mit den Schlagzeilen.

d Finden Sie es gut, daß die Delikte, von denen die Zeitungen berichten, bestraft werden – warum? warum nicht?

e Sollte man Kinderarbeit ganz verbieten?

f Gibt es in Ihrem Land Kinderschutzgesetze/Kinderschutzvereine?

g Wann sind Jugendliche nach Ihrer Meinung volljährig (mündig)? Mit 16? mit 18? mit 21?

h Welche Rechte fordern S i e für Kinder?
Beispiel: Wir fordern für alle Kinder das Recht, in Familien aufzuwachsen.

i Was müßte für Erwachsene in der Familie / in der Schule / in der Öffentlichkeit verboten sein?
Beispiel: Es ist verboten, Kinder einzusperren.

k Was halten Sie vom Begriff der „Freiheit" für Kinder?

24
Textarbeit

Sagen Sie die folgenden Sätze anders

a   Die Charta wurde ohne Gegenstimme angenommen.

Alle _____ (stimmen für)

b   Das Kind genießt besonderen Schutz.

_____ (schützen)

c   Das Kind hat das Recht auf ausreichende Ernährung.

_____ (zu essen bekommen)

d   Erst seit kurzem beginnt man, darüber nachzudenken . . .

Jetzt erst_____ (überlegen)

e   Man sollte Kinder nicht schlagen dürfen.

Es sollte _____ (verbieten)

f   Wer hält es für notwendig, für die Rechte der Kinder zu kämpfen?

Für wen _____ (wichtig)

25
Diskussion

Nun studieren Sie bitte noch einmal unseren Lesetext (22). Dort finden Sie häufig die Konstruktion: *zu* + Verb im Infinitiv (zum Beispiel: „sich zu entwickeln", „zu kämpfen" . . .). Bitte sammeln Sie alle diese Formen und schreiben Sie drei Listen:

Infinitiv mit zu

nach einem Verb	nach einem Adjektiv/Partizip	nach einem Nomen
man beginnt nachzudenken	verboten zu schlagen	Recht aufzuwachsen

26
● **Elemente**

Infinitiv mit zu

Infinitiv ohne *zu* steht nur nach
den Modalverben: dürfen
könnenn
möchten
mögen
müssen
sollen
werden
wollen

und nach den Verben: bleiben
gehen
helfen
hören
lassen
lernen   *(Beispiele: Ich möchte reiten lernen.*
sehen   *Wohin gehen wir heute essen?)*

Sonst steht immer **Infinitiv mit** *zu*.

Häufige Beispiele:

Infinitiv mit *zu* kommt oft nach den Verben

anbieten	anfangen	brauchen
bitten	aufhören	empfehlen
einladen	beginnen	erlauben
glauben	vorhaben	raten
hoffen	vorschlagen	verbieten
scheinen		versprechen usw.

Infinitiv mit *zu* folgt oft den Ausdrücken

es ist falsch	es ist gut
es ist richtig	es ist schwer, schwierig
es ist leicht	es ist zu spät
es ist notwendig	es ist wichtig
es ist erlaubt	. . .
es ist verboten	. . .

Infinitiv mit *zu* folgt oft den Ausdrücken

ich habe die Absicht	ich habe die Pflicht
ich habe die Gelegenheit	ich habe das Recht
ich habe die Hoffnung	ich habe den Wunsch
ich habe die Möglichkeit	. . .

27 ⊙⊙
Bitte sprechen Sie

Wer hat mit dir gespielt, als du klein warst?
→ Niemand hatte Lust, mit mir zu spielen.

Wer hat mit dir gemalt, als du klein warst?
Wer hat mit dir gelernt, als du klein warst?
Wer hat mit dir Musik gemacht, als du klein warst?
Wer ist mit dir spazierengegangen, als du klein warst?
Wer hat mit dir gesungen, als du klein warst?
Wer ist mit dir schwimmen gegangen, als du klein warst?
Wer hat mit dir musiziert, als du klein warst?

28 ⊙⊙
Bitte sprechen Sie

Kommen Sie?
→ Ich hoffe, kommen zu können.

Bleiben Sie?
Helfen Sie?
Rufen Sie an?
Warten Sie?
Spielen Sie mit?
Gehen Sie mit?
Fahren Sie fort?

29 ⊙⊙
● **Bitte sprechen Sie**

Warum warten Sie nicht?
→ Ich habe keine Zeit, zu warten.

Warum fahren Sie nicht in Urlaub?
Warum schreiben Sie nicht?
Warum kommt ihr nicht?
Warum erholen Sie sich nicht?
Warum treibst du keinen Sport?
Warum machen Sie keine Musik?
Warum spielen Sie nicht mit Ihren Kindern?

30
Suchen und finden

Antworten Sie frei

Ich habe für meine Tochter wenig Zeit.
→ Aber es ist wichtig, für sein Kind viel Zeit zu haben.

Wir haben für unsre Kinder nicht genug Platz.
Er hat für seinen Sohn keine Geduld.
Ich bin mit meiner Tochter nicht konsequent genug.
Ich kann meine Söhne oft nicht verstehen.
Die sind mit ihren Kindern überhaupt nicht zärtlich.
Er spielt fast nie mit seinen Kindern.
Ich weiß nicht, ob sie ihre Tochter überhaupt liebt.

31
● **Suchen und finden**

Hast du noch eine Zigarette?
→ Ach bitte, hör jetzt auf zu rauchen!

Gibst du mir noch Käse?
Darf ich noch ein Lied singen?
Hast du noch einen Cognac?
Wo hast du die Zigarren versteckt?
Stört dich mein Klavierspiel?
Gibst du mir noch ein Bierchen?
Hilfst du mir bei der Arbeit?

32
Studie

Bitte ergänzen Sie Infinitiv-Sätze

a Florian hat überhaupt keine Lust, _____

b Die Mutter bittet ihn, in die Küche zu kommen und _____

_____

c Aber er meint, es ist viel wichtiger, _____

d Er versucht schnell, _____

e Es ist schöner, _____

f Am Abend halten es seine Eltern für richtig,

g Aber Florian hat noch keine Zeit, _____

h Er findet es gemütlicher, _____

33
Bildgeschichte C[1]

KINDER MALEN

Bitte stellen Sie zu diesen Bildern einen Text her. Skizzieren Sie den Text in kleinen Gruppen. Wählen Sie eine Redaktion und bauen Sie den Text in der Redaktion zusammen.

[1] Siehe Dias C 1–C 8

34
Spiel

Jedes Kind in Deutschland kann aus Papier einen Hut machen. Können Sie das auch?

Ein möglichst großes rechteckiges Blatt oder eine Zeitung in der Mitte falten.

Das halbgroße Papier so legen, daß der Knick oben ist und die beiden offenen Seiten unten sind.

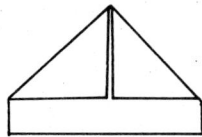 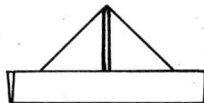 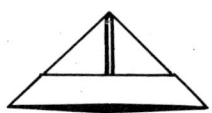

Die rechte und die linke obere Ecke so zusammenlegen, daß zwei gleich große Dreiecke entstehen.

Den unteren Rand so knicken, daß ein Teil nach vorn, der andere nach hinten kommt.

Die kleinen, seitlich überstehenden Dreiecke um die Seiten des großen Dreiecks legen. Eine Hand in den Hut hineinschieben. Fertig!

35
Textarbeit

Bitte formen Sie den Text der Anweisung (34) so um: „Falten Sie ..."

36
Darstellung

Was ist: ein Rechteck, ein Quadrat, ein Dreieck, ein Trapez?
a   Bitte zeichnen Sie diese Figuren.
b   Bitte beschreiben Sie die Figuren.

37
Gespräch

Bereiten Sie in kleinen Gruppen ein Gespräch zum Thema Kindererziehung vor (jede Gruppe übernimmt 1–2 Gesprächspunkte). Suchen Sie die notwendigen Wörter im Wörterbuch oder fragen Sie Ihren Lehrer. Tragen Sie die Ergebnisse Ihrer Gruppe dann im Plenum vor. Mögliche Gesprächspunkte:

(1) Soll man Kinder streng erziehen oder soll man ihnen möglichst viel erlauben?
(2) Was ist besonders wichtig bei der Erziehung?
(3) Was brauchen Kinder am meisten, um sich gut zu entwickeln?
(4) Ist Luxus gut für ein Kind? Soll man Kindern möglichst viel schenken?
(5) Geht es den Kindern heute besser als früher?
(6) Sollen die Lehrer miterziehen?
(7) Soll man Kinder zum Lernen zwingen?
(8) Soll die Schule eine Wissensfabrik sein?

38
● Schreibschule

Bitte wählen Sie eins der folgenden Themen und schreiben Sie etwa eine halbe Seite darüber. Themen zum Erzählen:

(1) Beschreiben Sie Ihren ersten Lehrer. (Haben Sie ihn gern gehabt oder haben Sie sich vor ihm gefürchtet?)
(2) Wer hat sich am meisten um Sie gekümmert, als Sie klein waren? (Die Mutter, die Großmutter oder wer sonst?)
(3) Wer war in Ihrer Kindheit die wichtigste Person für Sie? (Wer war zärtlich, wer war streng mit Ihnen? Wer war Ihr großes Vorbild?)
(4) Was haben Sie gemeinsam mit den Eltern gemacht? (Arbeiten, Basteleien, Urlaub, Hobbies?)
(5) Betrachten Sie die Kinderbilder Seite 28/29. Erfinden Sie dazu eine Geschichte, ein Märchen oder einen Dialog.

Themen zum kritischen Stellungnehmen:

(6) Ist die Liebe zu unseren Kindern Nächstenliebe oder Eigenliebe?
(7) Der Begriff der Zeit beim Kind und beim Erwachsenen.
(8) Durch unsere Kinder lernen wir unsere eigenen Eltern kennen.

39 ⊙⊙
Hören und verstehen

Sie hören zehn Sätze, gesprochen von ganz kleinen Kindern. Nehmen Sie ein Blatt Papier und schreiben Sie die Sätze in korrektem Deutsch: schreiben Sie, was die Kinder sagen w o l l e n – aber noch nicht können.

40
Das richtige Wort

Bitte unterstreichen Sie die Endungen!
Woher kommen die Adjektive? von einem Verb?
von einem Nomen? von einem Adjektiv?

dreijährig, ruhig, gehorsam, ärztlich, vermutlich, rechteckig, kinderreich, moralisch, langweilig, freiwillig, individuell, glücklich, wünschenswert, kommunistisch, lieblos, gewaltsam, menschlich, arbeitslos, westlich, endlich, durstig, fleißig, gewöhnlich, unterhaltsam, seelisch, geduldig, industriell, natürlich, zufällig, marxistisch, eilig, nötig, einmalig, fraglos, musikalisch.

41
Kombination

Jedes der Wörter rechts hat ein Gegenteil in einem der Wörter links

ängstlich	traurig
richtig	weltlich
körperlich	falsch
geistlich	satt
hungrig	mutig
lustig	geistig

Roman
TEIL 2

⊙⊙

Wie hat die Geschichte angefangen? Bitte erzählen Sie.

„Nichts. Keine Spur. Muß sich in Luft aufgelöst haben. Ja, Frau Platzke, was machen wir da?"
„Wollen Sie mich allein in der Wohnung lassen mit so einem Ungeheuer?"
5 „Ja, Frau Platzke, wir haben keine andere Wahl. Wir sind auf Streife. Wir schicken Ihnen aber noch die Spurensicherung. Vielleicht finden wir bekannte Fingerabdrücke, wahrscheinlich ist es aber nicht. Auf Wiedersehen."
Die geknickte Frau Platzke wankt in die Küche, um sich
10 Kaffee zu machen und ihre Nerven zu stärken. Etwas munterer geht sie mit dem Servierbrett ins Wohnzimmer. Laut klirrend fällt die Tasse zu Boden.
„War das nötig, Frau Platzke?"
Frau Platzke folgt ihrer Tasse nach.

*

15 Anrufe in der ähnlichen Art häufen sich. Der Unbekannte, den die Anrufer ganz verschieden charakterisieren, ist nicht zu fassen.

*

An einem schönen Tag zur Mittagsstunde betritt in einem kleinen Ort nicht weit von X. ein seriöser Herr die Gaststube im Hotel zur Post und bestellt sich ein kaum 20 glaubliches Mittagessen. Aus diesem Grund versucht das ganze Personal des Hotels zur Post einen Blick auf ihn zu erhaschen.
„Der sieht aber komisch aus. Ist dir das nicht aufgefallen? Was er zum Essen bestellt hat, ist lange nicht so 25 komisch wie er selber."
„Mir ist nichts aufgefallen."
„Ich könnte nicht sagen, was es ist, aber mir ist er richtig unheimlich." Der Herr begleicht seine Rechnung und verläßt ungesehen, aber ganz plötzlich das Lokal. Als 30 man seine Abwesenheit bemerkt, stürzen alle an die Fenster. Von dem Herrn ist nichts mehr zu sehen. Als Trinkgeld hat er eine fremdartige, schwere Münze liegenlassen. Der Apotheker, Stammgast des Lokals, prüft sie und meint: 980 Silbergehalt. 35
Sicher keine schlechte Anerkennung für eine gute Bedienung.

Wie geht die Geschichte weiter? Überlegen Sie!

Kapitel 3

1
● **Suchen und finden**

Machen Sie Gymnastik?
→ Ich soll Gymnastik machen, aber ich tu's nicht.

Essen Sie Joghurt?
Nehmen Sie die Tabletten?
Gehen Sie schwimmen?
Rauchen Sie?
Trinken Sie Milch?
Gehen Sie zu Fuß?
Trinken Sie Zitronensaft?
Fahren Sie Rad?
Gehen Sie früh schlafen?

2
● **Suchen und finden**

Sie sind doch Pianist.
→ Soll ich spielen?

Sie sind doch der Chef.
→ Soll ich entscheiden?

Sie sind doch ein guter Redner.
Sie sind doch eine gute Tänzerin.
Sie sind doch die Sekretärin.
Sie sind doch ein guter Schauspieler.
Sie sind doch die Eltern.
Sie haben doch Geld.
Sie sind doch Schriftsteller.
Sie sind doch die Chefin.

4
● **Suchen und finden**

Kommen Sie bald!
→ Wohin soll ich kommen?

Helfen Sie bald!
→ Wem soll ich helfen?

Fahren Sie bald!
Schreiben Sie bald!
Rufen Sie bald an!
Entscheiden Sie sich bald!
Unterschreiben Sie bald!
Gehen Sie bald!
Zahlen Sie bald!
Berichten Sie bald!

3
● **Elemente**

DAS MODALVERB SOLLEN

ich soll zahlen	wir sollen zahlen
Sie sollen zahlen	Sie sollen zahlen
du sollst zahlen	ihr sollt zahlen
er sie soll zahlen es	sie sollen zahlen

Die Beispiele in den Übungen Nummer 1 bis 5 sind typisch für den Gebrauch des Wortes *sollen*. Studieren Sie diese Beispiele. Sie sagen Ihnen am besten, wann man das Wort *sollen* verwendet.

ich soll zahlen
ich muß zahlen $\Big\}$ = es ist nötig, zu zahlen

Unterschied:

sollen	**müssen**
Rat, Auftrag	Rat, Auftrag, Sachzwang
es gibt noch eine andere Möglichkeit	es gibt keine andere Möglichkeit

ich soll ist weicher als *ich muß*

5
Suchen und finden

Paul arbeitet zu viel.
→ Sag ihm, er soll sich erholen.

Paul spart zu viel.
Paul ist Melancholiker.
Paul sitzt immer zu Hause.
Paul schweigt.
Paul ist immer allein.
Paul lebt immer in der Stadt.
Paul kann nicht schlafen.
Paul redet mit sich selbst.
Paul ist Pessimist.

6

Machen Sie Vorschläge

Wie kann man die folgenden Probleme lösen?
Bitte bilden Sie kleine Gruppen. Überlegen Sie alle
möglichen Wege, diese Probleme zu lösen. Notieren Sie
Ihre Vorschläge und tragen Sie die Vorschläge im
Plenum vor. (Alle Gruppen bearbeiten dieselben Proble-
me.)

a Mein Tanzpartner tritt mir dauernd auf die Füße. Was
   raten Sie mir, ihm zu sagen?
b Mein Freund Arnold fällt jede Nacht überall die
   Treppen hinunter, weil er zu viel getrunken hat. Was
   raten Sie mir, ihm zu sagen?
c Meine Schwester Katja ist unglücklich, weil sie zwei
   Männer liebt. Keiner weiß etwas vom anderen. Was
   raten Sie mir, ihr zu sagen?
d Mein Freund Hans schreibt seit zwei Jahren an
   einem Roman; ich weiß sicher, daß der Roman
   schlecht ist und Hans gar kein Talent zum Schreiben
   hat. Was raten Sie mir, ihm zu sagen?

7

● **Studie**

Bitte ergänzen Sie *müssen* oder *sollen*

a Wann kommst du? Und wo ~~muß~~ *soll* ich dich
   abholen?

b Du *sollst* jeden Morgen eine Tablette
   nehmen, hat Dr. Malz gesagt.

c Der Zug fährt in acht Minuten! Wir *müßen*
   uns beeilen!

d Er wohnt ganz weit draußen, er *muß*
   täglich 20 km fahren.

e Ich ~~muß~~ *soll* dir von Eugen sagen, du
   sollst ihn nicht ganz vergessen!

f Ich *muß* jeden Monat 500 Mark Steuern
   zahlen.

g *Soll* ich Bodo oder Udo heiraten?

h Sagen Sie bitte der Sekretärin, sie *soll*
   meinen Namen richtig schreiben: mit zwei f!

i Sie sind bei Rot über die Kreuzung gefahren. Sie
   müßen 100 Mark Strafe bezahlen, mein Herr.

k Ein sehr komplizierter Fall, der Patient *muß*
   sofort ins Krankenhaus gebracht werden.

l Sagen Sie dem Mann einen Gruß, er *soll*
   sich nie wieder blicken lassen.

m O Gott, ich *muß* die Festrede halten? Das
   kann ich nicht!

8

● **Schüttelkasten**

Bauen Sie Sätze nach dem Muster
„ich soll . . .''/,,wir müssen . . .''

9 👓
Kleiner Sketch

I

Eigentlich wollte ich heute endlich Weihnachtsgrüße schreiben. Aber ich
habe mir den rechten Fuß gebrochen. Nun bin ich nur noch die „Unterschenkelfraktur von Zimmer 312''. Man sollte eben nicht zwei Tage vor
Weihnachten Skifahren gehen, denn man riskiert statt festlicher Stunden in
der Familie handfeste Betreuung durch Chefarzt, Oberarzt, Assistenzärzte, 5
Stationsschwestern, Nachtschwester, Krankenpfleger, katholische und
evangelische Mutmacher. Und ich liege hilflos auf dem Rücken und erdulde
die weihnachtlichen Hilfsaktionen – Friede auf Erden!

II

Schwester: Da bringe ich Ihnen Gesellschaft. Sie werden sich gut
verstehen: ebenfalls eine Unterschenkelfraktur. 10
Knax: Wunderbar! Verzeihung, ich meine, dann bin ich nicht mehr so
alleine hier.
Bruch: Guten Tag, ich heiße Bruch.
Knax: Knax, angenehm. Sie haben auch den rechten Fuß gebrochen?
Beim Skifahren? 15
Bruch: Gestern bin ich in Bayern angekommen, heute ist es passiert.
Nie wieder fahre ich . . .
Knax: Haben Sie Geduld. In vier bis fünf Wochen dürfen Sie schon
wieder nach Hause.

20	Bruch:	Mein Gott, wie soll ich das überstehen! Mein Chef wird wahnsinnig.
	Knax:	Sie gewöhnen sich schnell daran. Sie werden Ihr Schicksal bald akzeptieren.
	Schwester:	Gute Nacht.
25	Bruch:	Und ich wollte jetzt Après-Ski-Löwe spielen ...
	Knax:	Diese Saison nicht mehr. Schlafen Sie erst mal. Gute Nacht.

III

Die ganze Nacht habe ich Schmerzen, bin aber doch wohl vor wenigen
Minuten eingeschlafen. Krachend springt die Tür auf, und mit jubelnder
Stimme wünscht die Schwester einen guten Morgen. Es ist noch dunkel.

30	Schwester:	Guten Morgen! Jetzt wollen wir die Temperatur messen!
	Bruch:	Gott, es ist ja noch mitten in der Nacht. Gerade bin ich eingeschlafen. Wie spät ist es denn?
	Knax:	Fünf Uhr dreißig. Das fängt jeden Tag hier so an. Man wird fünf Wochen lang feststellen, daß Sie keine erhöhte Tempera-
35		tur haben.
	Schwester:	Können Sie zum Waschen schon aufstehen?
	Bruch:	Nein, mein Gips ist ja noch naß. Schauen Sie mal, wie das dampft!
	Schwester:	Ich bringe Ihnen die Waschschüssel. Wo ist der Waschlappen?
40	Knax:	Patienten sind zwar nicht gesund, aber immer sauber. Schütten Sie ja kein Wasser ins Bett, sonst bekommen Sie Ärger mit Igel und Karim.

IV

Völlig erschöpft versuche ich einzuschlafen. 6 Uhr 30: zwei starke Krankenpfleger müssen unbedingt die Betten aufschütteln.

45	Igel:	Zum Bettenmachen bitte aufstehen.
	Bruch:	Leider nicht möglich.
	Karim:	Wollen Sie ein neues Nachthemd?
	Knax:	Gern, aber bitte nicht wieder drei Nummern zu groß! Beim letzten gingen mir die Ärmel bis zu den Knien. Können Sie mir
50		sagen, warum Sie die Betten aufschütteln? Die sind in zehn Minuten wieder wie vorher.
	Igel:	Intelligente Frage.
	Karim:	Vorschrift, meine Herren. Guten Tag.
	Bruch:	Geht das so weiter?

V

55 Zenzi tut alles für uns. Sie wischt den Staub, erzählt das Neueste aus der Welt
der Bildzeitung, schimpft über die steigenden Preise und sagt plötzlich:
„Schnell, schnell, die Herrn kemma!"

> *Wenn alle Arznei der Welt ins
> Meer geworfen würde – es wäre
> zum Vorteil der Menschheit,
> und zum Nachteil der Fische.*
> OLIVER WENDELL HOLMES
> Medical essays.

Das ist die Ankündigung der täglichen Visite. Während ich meinem norddeutschen Nachbarn noch die bayerische Grammatik erkläre, marschieren die ärztlichen Herren ein. Der Chefarzt hat genau 43 Sekunden Zeit für 60 meinen Nachbarn, für mich sogar 52.

Bruch:	Könnte ich nicht bald nach Hause? Ich komme aus Norddeutschland, und hier kenne ich keinen Menschen.
Chefarzt:	Verunglücken Sie das nächste Mal dort, wo Sie im Krankenhaus liegen wollen. 65
Knax:	Wie lange wird's denn bei mir noch dauern?
Chefarzt:	Vier Wochen. Noch was? Wiedersehn. (Pause.)
Knax:	Gestern früh sagte er drei Wochen, vorgestern sechs Wochen. Diese tägliche Abwechslung ist so etwas Erfrischendes!
Bruch:	Dafür wird er auch höher bezahlt. 70

10 Studie

Bauen Sie Sätze, bitte verwenden Sie möglichst das Passiv:

wecken	5.30	*Um 5.30 wird geweckt.*

Temperatur messen
    Betten schütteln 6.00
Waschschüssel bringen
Frühstück bringen 8.00
Staub wischen 8.30
Zimmer putzen 9.00
Visite machen 10.00
Patienten befragen
    Röntgenbilder anschauen
    Notizen machen
    Auskunft geben
    Patienten beruhigen
    Mittagessen servieren 11.00
Puls messen 12.00
Temperatur feststellen
    Kaffee bringen 13.00

11 Darstellung

Sicher haben Sie schon einen Patienten im Krankenhaus besucht, vielleicht haben Sie selbst schon in einer Klinik gelegen. Bitte erzählen Sie, aber nicht alles, sondern wählen Sie aus:

- was Sie persönlich besonders betroffen hat
- was Ihre Zuhörer wahrscheinlich besonders interessiert
- was Sie für besonders gut oder für besonders ärgerlich halten
- was Sie lustig finden.

12
Kleine Leseschule
FACHTEXTE

Keine Angst vor schwierigen Texten! Wie lese ich einen schwierigen Fachtext (wissenschaftlichen Text)? Vertrauen Sie der folgenden Methode:

1) Lesen Sie den ganzen Text ohne Pause und ohne Wörterbuch durch. Markieren Sie sofort alle wichtigen Informationen, die Sie verstehen, zum Beispiel Namen, Zahlen, auch alle Negationen. Wahrscheinlich kennen Sie nun schon das Thema des Textes.

2) Versuchen Sie, die Struktur des Textes zu erkennen. Sie können meistens folgende Bausteine unterscheiden: Quelle (oder Autor), These (oder Methode), Begründung, Anwendung.

3) Vielleicht können Sie nun schon die Frage nach der Logik des Textes stellen: was ist der logische Schluß (die Konklusion)? Noch einmal die Schritte: Thema
                Struktur des Textes
                Logik.

Wenn Sie den logischen Zusammenhang, die Idee des Ganzen begriffen haben, können Sie fast immer zum nächsten Text weitergehen: es ist nicht nötig, jedes Wort genau zu verstehen. (Es gibt Ausnahmen, aber wir sprechen hier nicht von den Ausnahmen.) Fast jeder, der eine fremde Sprache lernt, macht den Fehler, daß er am einzelnen Wort hängenbleibt. Befreien Sie sich vom Detail! Aus der Distanz sehen Sie alles schneller und klarer. – Die beiden folgenden Lexikontexte sind so kurz und klar, daß wir den Schritt 3 nicht gehen müssen. Wir machen nur Schritt 1 und 2, wir untersuchen also nur Thema und Struktur des Textes.

13
Lesetext

Psychosomatik: eine zuerst in Amerika (F. G. Alexander), später auch in Deutschland, besonders von Viktor von Weizsäcker vertretene Lehre. Sie stützt sich auf die in vielen Versuchen erwiesene Tatsache, daß körperliche Vorgänge durch seelische Antriebe beeinflußt werden. Nach V. v. Weizsäk-ker ist jede Krankheit ein lebensgeschichtliches Problem; sie betrifft ein 5 Objekt, das sich „seine" Krankheit selbst formt und nicht passiv von ihr „befallen" wird. Verkrampftem seelischem Zustand entsprechen körperliche Krampfkrankheiten (Magengeschwür, Gallenleiden, Angina pectoris . . .).

dtv-Lexikon (1968)

14
Textarbeit

Thema:

Struktur des Textes:

<u>*Psychosomatik*</u>
<u>*1. Herkunft der Lehre*</u>
<u>*2. Inhalt der Lehre*</u>
<u>*3. (in Klammern:) Konkrete*</u>
                    Beispiele

Bitte üben Sie nun dasselbe beim folgenden Lexikontext.

15
Lesetext

Psychosomatik: die Auffassung, daß eine große Zahl funktioneller und organischer Störungen „ganzmenschliche" Erkrankungen sind, also mitbedingt durch eine seelische Fehleinstellung. Dazu gehören vor allem Krämpfe, Erbrechen, Durchfälle, Asthma, Herz- und Kreislaufstörungen. Zur Behandlung hat sich die Kombination einer symptomatischen (medikamentösen) 5 Therapie mit psychotherapeutischen Maßnahmen bei gleichzeitiger beruflicher und sozialer Entlastung bewährt.

Das neue Fischer-Lexikon (1979)

16
Textarbeit

Thema: _____

Struktur des Textes: _____

_____

_____

_____

Es folgen zwei Texte aus dem Gebiet der Psychosomatik. Nehmen Sie bitte ein Blatt Papier und üben Sie die drei Schritte: untersuchen Sie

Thema
Struktur des Textes
Logik (Konklusion).

17
Zwei Lesetexte

I

Die Ärzte behandeln ihre Patienten immer noch, als ob sie Körpermaschinen wären, die Defekte aufweisen; die Patienten selbst wissen nicht, daß ihre Krankheiten mit ihren zwischenmenschlichen Beziehungen, mit ihrer bewußten und unbewußten Lebenseinstellung und ihrem gesamten „Lebensgefühl" zu tun haben ... Als Psychotherapeut kann man nichts anderes 5 machen, als Ärzte und Patienten über die Notwendigkeit einer psychologischen Abklärung und Behandlung der seelisch bedingten Erkrankungen zu informieren, damit sich mit der Zeit die Wendung zu einer psychotherapeutischen Medizin vollziehen kann.

Josef Rattner: Psychosomatische Medizin heute (1977)

II

Viel Kummer, viel Angst ... wären zu vermeiden, wenn wir eine bessere, 10 eine spezifisch auf den Menschen zugeschnittene Krankheits- und Heilungslehre besäßen. Zunächst kommt es aber darauf an, den Blick für das Problem zu schärfen: Krankheit bei uns allen ist nicht anonym wirkender Zufall, sondern Krankheit ist Reaktionsmöglichkeit des erlebenden Individuums in hilfloser Lage ... 15
Der entscheidende psychologische Beitrag ist die Entdeckung, daß unbewußte seelische Tätigkeit die somatischen Funktionen ebenso beherrscht

wie bewußt erlebte. In einer programmatischen Formulierung könnte man sagen, psychosomatische Medizin sehe die Entstehungsbedingungen vieler menschlicher Krankheiten im Konfliktfeld von Leben als biologischem und als geschichtlichem Ablauf. 20

Alexander Mitscherlich: Krankheit als Konflikt (1968)

18
● **Kleine Leseschule**

UNBEKANNTE WÖRTER

Das Suchen und Suchen und Suchen im Wörterbuch ist viel Arbeit. Sie müssen nicht jedes Wort im Wörterbuch suchen. Fragen Sie zuerst: ist das Wort wichtig? Wenn das Wort nicht wichtig ist, vergessen Sie es. Wenn das Wort wichtig ist, gibt es vier Methoden:

a Verstehen aus dem Zusammenhang (Kontext)
b Verstehen aus der internationalen Bedeutung
c Verstehen aus der Wortbildung (woher kommt das Wort?)
d Suchen im Wörterbuch.

Nur wenn Sie a, b und c probiert und keine Bedeutung gefunden haben, die in den Text paßt, suchen Sie im Wörterbuch.

A b e r : die ersten drei: a, b, c sind ein bißchen unsicher – alle drei! Seien Sie also vorsichtig und überlegen Sie genau, ob die Erklärung, die Sie gefunden haben, genau in den Text paßt.

19
Studie

Die folgenden Wörter stammen aus den beiden psychosomatischen Fachtexten (17). Bitte erklären Sie diese Wörter aus dem Zusammenhang (Kontext):

Zeile		Erklärung aus dem Zusammenhang
2	Defekte aufweisen	*Defekte haben*
7	seelisch bedingte Erkrankungen	
8	die Wendung vollzieht sich	
10	Kummer	
11	auf den Menschen zugeschnitten	
16	der psychologische Beitrag	
21	der geschichtliche Ablauf	

Die meisten folgenden Wörter sind international bekannt. Unterstreichen Sie die Wörter, die Sie verstehen: der Patient, die Maschine, der Defekt, die Psyche, der Psychotherapeut, psychologisch, informieren, die Medizin, spezifisch, das Problem, anonym, die Reaktion, das Individuum, somatisch, die Funktion, das Programm, formulieren, die Formulierung, der Konflikt, biologisch.

Versuchen Sie nun, die folgenden Wörter aus dem Text I (von Rattner) aus der Wortbildung zu verstehen. Woher kommt das Wort?

das Wort	kommt von	
Körpermaschine	Körper	+ Maschine
zwischenmenschlich	_____	+ _____
unbewußt	_____	+ _____
Lebenseinstellung	_____	+ _____
Lebensgefühl	_____	+ _____

Suchen Sie nun im Text II (von Mitscherlich) die Wörter, die man aus der Wortbildung verstehen kann, und finden Sie die Herkunft dieser Wörter.

20

● **Elemente**

WORTBILDUNG

Taubenkampf

Seien Sie vorsichtig, wenn Sie versuchen, ein Wort aus der Wortbildung zu verstehen. Kontrollieren Sie bitte sorgfältig, ob die Erklärung, die Sie gefunden haben, ganz genau in den Zusammenhang paßt.

Der Automotor ist der Motor eines Autos.
Die Autobiographie ist nicht die Biographie eines Autos.

I ABGELEITETE WÖRTER

schärfen	kommt von scharf
behandeln	kommt von Hand
der Ruf	kommt von rufen
die Schönheit	kommt von schön
friedlich	kommt von Frieden
eßbar	kommt von essen.

Hier gibt es natürlich viele Regeln. Sie brauchen diese Regeln nicht, denn: bitte bilden Sie nicht selbst neue

Wörter – nur, wenn Sie Unsinn machen w o l l e n. Sie müssen die Wörter nur verstehen. Üben Sie, das Wort aus seiner Herkunft zu verstehen: woher kommt das Wort?

Eine kleine Übung. Bitte bauen Sie mit jedem dieser Wörter einen Satz:

brauchbar, bürsten, die Einfuhr, erröten, filmen, freundlich, heilbar, nachdenklich, ölen, täglich, trompeten, der Trunk, unglaublich, zuckern.

II ZUSAMMENGESETZTE WÖRTER

Ein Krankenhaus ist ein Haus für Kranke.
Ein Augenarzt ist ein Arzt, der Augen behandelt.
Lichtempfindung ist die Empfindung für Licht.

Auch hier gibt es viele Regeln. Lernen Sie nur eine einzige Regel:

LINKS definiert RECHTS

Wir können es auch anders sagen:

LINKS steht das spezielle Wort (Bestimmungswort)
RECHTS steht das allgemeine (generelle) Wort.

Beispiel:
Brunnenwasser   ist Wasser aus dem Brunnen
Trinkwasser   ist Wasser zum Trinken
Schmelzwasser   ist Wasser, das beim Schmelzen
                entsteht
Warmwasser   ist warmes Wasser.

Erklären Sie bitte ebenso die folgenden Wörter:

a Metallindustrie, Großstadtindustrie, Schwerindustrie, Autoindustrie.

b Zahnarzt, Kinderarzt, Landarzt, Assistenzarzt.

c Hochschullehrer, Chemielehrer, Oberlehrer, Tanzlehrer.

d Rotlicht, Sonnenlicht, Augenlicht, Morgenlicht.

21
Textarbeit

Bitte benützen Sie die kleine Leseschule (Nummer 12), um den folgenden Fachtext schnell zu verstehen. Noch einmal die Schritte:
    Thema
    Struktur des Textes
    Logik.

Die meisten unbekannten Wörter sind für das Verstehen des Textes unwichtig. Die Wörter, die Sie wirklich brauchen, verstehen Sie nach den Hinweisen der kleinen Leseschule (Nummer 18–20).

22
Lesetext

Dem objektiv bleibenden Techniker-Arzt steht der Arzt gegenüber, der sich in das therapeutische Gespräch einläßt. Für ihn ist kühle Distanziertheit weder wünschbar noch nötig. Er muß mit innerer Beteiligung die Probleme des Patienten untersuchen, zwar stete 5
Selbstkontrolle üben, aber sich derart mit seinem Gesprächspartner identifizieren, daß er ihn zutiefst verstehen und begreifen kann.
Wahrscheinlich wird die Zukunft die Forderung mit sich bringen, daß jeder Arzt durch die systematische 10
Selbsterkenntnis der eigenen Psychotherapie hindurchgegangen sein muß. Nur ein Mensch, der sich selbst versteht, kann andere zum Verständnis ihrer selbst führen. Dies wird die vornehmste Aufgabe des Arztes sein, mit Hilfe eines uralten und sehr kostbaren Medika- 15
mentes, von dem Arthur Jores schreibt: „Die Droge, die der Arzt hierbei anwendet, ist das Wort. Von der Macht des Wortes haben wir heutigen Menschen keinen rechten Begriff mehr. Aber gerade der Arzt sollte wissen, daß seine Worte heilen, krankmachen, ja töten können 20
... Das Wissen um die Macht des Wortes ist dem Arzt, der nur noch an die Macht der Gesetze der Chemie und Physik glaubt, völlig verlorengegangen. Er wird es wieder lernen müssen, daß sein Wort seine wichtigste Arznei ist.“ 25

JOSEF RATTNER: Psychosomatische Medizin heute (1977)

23
Unterhaltung

a Wie stehen Sie zu dem, was in unserem Text (22) steht?

b In Zeile 20 des Textes heißt es „... daß seine Worte heilen ... können''. Halten Sie es für richtig, daß hier das Wörtchen „seine'' steht?

c „Denken Sie laut'': Welche Bedeutung kann das Wort eines Freundes, eines Partners, eines Vaters, einer Mutter haben?

d Können Sie von Worten erzählen, die in Ihrem Leben eine entscheidende Rolle gespielt haben (Gelesenes, Gehörtes, Selbst-Gesagtes)?

24
Spiel

Ein Teilnehmer beginnt mit dem ersten Wort. Der nächste wiederholt das Wort und setzt ein weiteres dazu. Und so weiter. Es darf immer nur ein Wort sein – bis der Satz fertig ist. Der nächste Satz muß den Gedanken oder die Geschichte weiterführen.
Die Sätze müssen grammatikalisch richtig sein. Wer einen Fehler macht, muß etwas geben (was, das bestimmt die Gruppe).

25
Spiel

Einem Teilnehmer werden bei verbundenen Augen verschiedene Gegenstände in die Hand gelegt. Die Frage lautet: „Was ist das?''
Ist die Antwort falsch, stellt sie der Frager richtig, und fragt den nächsten.
Hat der Teilnehmer richtig geraten, darf er die beiden nächsten Spieler nennen.

> *Jeder Mensch hat das Recht, sich den Weg zur Hölle so zu gestalten, wie es ihm gefällt.*
> AGATHA CHRISTIE
>
> *Die Phönizier haben das Geld erfunden – aber warum so wenig?*
> JOHANN NESTROY

26
Spiel

Jeder Teilnehmer verliert einen Gegenstand. Die Gegenstände landen im Fundbüro. Der Beamte gibt sie nur zurück, wenn die Verlierer ihre Sachen ganz genau beschreiben können. Der Beamte muß natürlich gelegentlich eine Pause machen und wird dann abgelöst.

27
● Kleiner Dialog

Gast: Noch zwei Gläser Schnaps, bitte.
Ober: Ich bringe Ihnen noch eins. Dann ist Schluß.
Gast: Schluß! Der spinnt!
Ober: Hier bitte, das letzte Glas.
Gast: Danke. Was kosten die zwei Gläser?
Ober: Das Glas hier? Kostet 3 Mark.
Gast: 3 Mark.
Ober: Danke.
Gast: – – –Hahaha! Der Ober ist ganz schön betrunken heute! Bringt mir zwei Gläser Schnaps und kassiert nur eins.

28 ◯◯
● **Bitte sprechen Sie**

Ist hier kein Hotel?
→ Doch, da ist eins.

Ist hier keine Bar?
→ Doch, da ist eine.

Ist hier kein Ober?
→ Doch, da ist einer.

Ist hier kein Gasthaus?
Ist hier kein Portier?
Ist hier keine Zeitung?
Ist hier kein Zigarettenautomat?
Ist hier keine Uhr?
Ist hier kein Bad?
Ist hier keine Toilette?
Ist hier kein Lift?
Ist hier kein Telefon?

29 ◯◯
● **Bitte sprechen Sie**

Whisky, bitte?
→ Ja, ich nehme gern einen.

Eine Orange bitte?
→ Ja, ich nehme gern eine.

Kaffee, bitte?   Tee, bitte?
Brot, bitte?   Ein Ei, bitte?
Cognac, bitte?   Zeitungen, bitte?
Zigaretten, bitte?   Brötchen, bitte?

30
● **Elemente**

unbestimmter Artikel
(mit Nomen)

unbestimmtes Pronomen
(ohne Nomen)

ein Apfel ——————————→ einer
eine Orange ————————→ eine
ein Ei ——————————————→ eins

	UNBESTIMMTES PRONOMEN	NEGATIVES PRONOMEN	POSSESSIV-PRONOMEN		
maskulin					
NOM	einer	keiner	meiner	Ihrer	....
AKK	einen	keinen	meinen	Ihren	....
DAT	einem	keinem	meinem	Ihrem	....
PLURAL	–	keine	meine	Ihre	....
feminin					
NOM	eine	keine	meine	Ihre	....
AKK	eine	keine	meine	Ihre	....
DAT	einer	keiner	meiner	Ihrer	....
PLURAL	–	keine	meine	Ihre	....
neutrum					
NOM	eins	keins	meins	Ihres	....
AKK	eins	keins	meins	Ihres	....
DAT	einem	keinem	meinem	Ihrem	....
PLURAL	–	keine	meine	Ihre	....

31 ⊙⊙
● **Bitte sprechen Sie**

Hallo, wem gehört der Bademantel?
→ Das ist meiner.

Hallo, wem gehört die Sonnenbrille?
Hallo, wem gehören die Sandalen?
Hallo, wem gehört das Parfüm?
Hallo, wem gehört der Schmuck?
Hallo, wem gehört die Perücke?
Hallo, wem gehört der Bikini?
Hallo, wem gehört das Buch?
Hallo, wem gehört der Kamm?
Hallo, wem gehören die Ringe?

32 ⊙⊙
● **Bitte sprechen Sie**

Gefällt dir meine Mütze?
→ Ja, so eine kaufe ich mir auch.

Gefällt dir mein Pullover?
Gefällt dir mein Hemd?
Gefällt dir meine Hose?
Gefällt dir mein Kleid?
Gefällt dir meine Bluse?
Gefällt dir mein Koffer?
Gefällt dir meine Tasche?
Gefällt dir meine Uhr?
Gefällt dir mein Wecker?

33
● **Suchen und finden**

Darf ich Ihnen eine Zigarette anbieten?
→ Danke, ich habe grade eine geraucht.

Darf ich Ihnen ein Bier anbieten?
Darf ich Ihnen ein Stück Kuchen anbieten?
Darf ich Ihnen eine Tasse Kaffee anbieten?
Darf ich Ihnen eine Zigarre anbieten?
Darf ich Ihnen eine Kopfschmerztablette anbieten?
Darf ich Ihnen eine Orange anbieten?
Darf ich Ihnen eine Tasse Tee anbieten?
Darf ich Ihnen ein Stück Torte anbieten?
Darf ich Ihnen einen Cognac anbieten?

● **34** ⊙⊙
Bitte sprechen Sie

Haben Sie einen Mercedes?
→ Ich habe keinen, und ich brauche auch keinen.

Haben Sie eine Waschmaschine?
Haben Sie ein Motorboot?
Haben Sie eine Pistole?
Haben Sie ein Bierfaß?
Haben Sie einen Fernsehapparat?
Haben Sie ein Karussell?
Haben Sie eine Katze?
Haben Sie ein Dampfschiff?
Haben Sie einen Chef?

35
● **Studie**

a Haben Sie einen Paß? — Natürlich habe ich _einen_, aber leider zu Haus.

b Brauche ich für die Schweiz ein Visum? — Nein, Sie brauchen _keins_.

c Hoffentlich haben Sie einen Führerschein? — Nein, ich habe leider _keinen_.

d Ich habe keinen Kugelschreiber hier. — Bitte, nehmen Sie _meinen_.

e Ist das dein Ring? — Nein, das ist nicht _meiner_.

f Fahrplan haben wir keinen. — Dann müssen wir ~~Kaufen~~ _einen_ kaufen!

g Hast du meine Uhr gesehen? — Hier – ist das _deine_?

h Ist hier in der Nähe eine Telefonzelle? — Da drüben links ist _eine_.

36
Studie

Heinrich | *Sieglinde*

a Hast du _____ Ring gesehen? | – Nein. Hier in der Küche liegt _____.

b Doch, da in der Obstschale! | – Das ist doch _____ Ring, das sind zwei

Schlüssel.

c Das sind _____! Die suche ich schon | – Aber wo hast du denn deinen Ring? Im Bad?

lange!

d Nein. Vielleicht in der Hausapotheke. | – Warum trägst du eigentlich nie _____

Ehering, Heinrich?

e Du hast _____ ja auch nicht an, | – _____ ist in _____

Sieglinde. | Handtasche.

f Gute Idee! Mal schauen! Da sind ja _____ | – Wer legt denn deinen Ring in _____

beiden Eheringe. | Handtasche?

g _____ Ahnung.

● 37
Ihre Rolle, bitte

Meine Schwester heißt Toni, und ihr Mann heißt auch
Toni. Toni (der Mann) hat Toni (meiner Schwester) zum
Geburtstag einen großen Schein geschenkt, sie darf sich
davon kaufen, was sie will. Sie hat sich ein unmögliches
5 Kleid gekauft, lila und gold, und Toni (ihr Mann) war
schrecklich enttäuscht und findet das Kleid scheußlich.
Bis jetzt hat er ihr nur ein paar ausweichende Antworten
gegeben. Er will seine Frau natürlich nicht beleidigen.
Ich hoffe, er findet den richtigen Moment und die
10 richtige Form, es ihr zu sagen.

Diese Geschichte besteht aus drei Szenen.

a Bitte spielen Sie diese Szenen.
b Spielen Sie die Szenen mit weiteren Personen (Kinder, Freunde . . .)

● 38
Ihre Rolle, bitte

Tilman ist mein bester Freund. Aber er hat einen Fehler:
er ist ein furchtbarer Schlamper. Jetzt hat er mich
angerufen, er fährt in Urlaub in die Bretagne und bittet
mich um meinen Cassettenrecorder. Er will ihn mir in
zwei Monaten zurückbringen. Ich bin sicher, er bringt 5
ihn gar nicht zurück, oder kaputt. Ich hab ihm gesagt, ich
wills mir mal überlegen. Schwieriger Fall! Er soll sich
doch selber einen kaufen! Geld hat er genug. Aber wie
soll ich es ihm sagen, ohne ihn zu verletzen?

Diese Geschichte besteht aus zwei Szenen. 10

a Bitte spielen Sie diese Szenen.
b Spielen Sie die Szenen mit weiteren Personen (Til-
mans Freundin, mein Sohn, meine Frau . . .)

39 ⊙⊙
Szene

Verkäufer: Sonderangebot! Vier Herrenhemden nur 35,— DM! In vier modischen Farben!

Jochen: Du, ein tolles Angebot! Unglaublich billig! Da kauf ich mir gleich acht. Du auch?

Hans: Warum? Ich habe schon ein Hemd.

Verkäufer: Unsere Sensation! Sieben Handtücher 22,80 DM!

Jochen: 22,80 DM! Das ist ja geschenkt! Ich kaufe gleich vierzehn. Hans, die mußt du auch nehmen!

Hans: Warum? Kein Bedarf.

Jochen: So billig kriegst du das nie wieder!

Hans: Aber warum soll ich sieben Handtücher kaufen? Ich habe schon eins.

Verkäufer: Musikalischer Wecker, wählen Sie die Beatles; die Glocken von Köln, Valencia oder Beethoven! Musikalischer Wecker zum Sonderpreis von nur 79,00 DM! Markenfabrikat!

Jochen: Ich nehme gleich drei. Das mußt du dir kaufen, Hans! Sei nicht blöd! Ein so günstiges Angebot!

Hans: Warum soll ich mir einen Wecker kaufen? Ich brauche keinen.

Jochen: Hans, ich kann dich nicht verstehen. Du hast ja überhaupt nichts gekauft!

Hans: Ich habe kein Geld. Gottseidank, ich muß nichts kaufen.

40

● **Suchen und finden**

Braucht Brigitte einen Bikini?
 → Natürlich braucht sie einen, wenn sie badet.

Braucht Brigitte einen Schirm?
Braucht Brigitte eine Pelzjacke?
Braucht Brigitte ein Abendkleid?
Braucht Brigitte eine Kamera?
Braucht Brigitte ein Opernglas?
Braucht Brigitte ein Feuerzeug?
Braucht Brigitte eine Sonnenbrille?
Braucht Brigitte einen Führerschein?
Braucht Brigitte ein Visum?

41
Unterhaltung

Möchten Sie einen Rennwagen haben? Warum? Warum nicht?

Möchten Sie ein Pferd haben?
Möchten Sie ein Schloß haben?
Möchten Sie eine Filmkamera haben?
Möchten Sie einen Helikopter haben?
Möchten Sie eine Lokomotive haben?
Möchten Sie eine Insel haben?
Möchten Sie einen Park haben?
Möchten Sie ein Schiff haben?
Möchten Sie einen Elefanten haben?

42
Lesetext

Unser Stier ist 1000 kg schwer. Er ist ein sehr intelligenter Stier, das sehen Sie an seinen Augen. Schauen Sie die Kühe an, die leben immer halb im Traum. Der Stier ist wach. Und kritisch, und meist leicht verärgert. Seine
5 Hörner hat er schon halb abgewetzt, und auch die Kette, an der er hängt, muß öfter erneuert werden, er arbeitet sie immer wieder durch. Unser Stier hat einen sehr feinen Sinn für Gerechtigkeit. Da ist er unglaublich empfindlich.
Gerechtigkeit? Was versteht denn der unter Gerechtigkeit? 10
Gerechtigkeit, das bedeutet: er ist der Chef. Also bekommt er das beste Futter, das meiste Futter und als erster das Futter.
Aha, das ist Gerechtigkeit. 15

43
Schreibschule

Unseren Text (42) hat natürlich die Bäuerin erzählt. Bitte schreiben Sie die gleiche Geschichte, aber erzählen Sie sie von einem anderen Standpunkt aus:

a Ein Junge erzählt. Er bewundert den Stier und findet ihn Spitze.
b Ein kleines Mädchen erzählt. Das Mädchen hält den Stier für brutal.
c Ein Zeitungsreporter hat den Stall besucht und berichtet.
d Der Stier selbst spricht.

44
Gespräch

Thema: Gerechtigkeit. Bitte denken Sie (allein oder in kleinen Gruppen) über die Fragen nach und machen Sie sich dazu Notizen. Dann tragen Sie Ihre Notizen im Plenum vor und treten in das gemeinsame Gespräch ein.

Fragen:

1 Was ist Gerechtigkeit?
2 Ist Gerechtigkeit möglich?
3 Kennen Sie einen gerechten Menschen?
4 Denken Sie, daß Sie selbst gerecht sein können?

45 ⊙⊙
● **Hören und verstehen**

TEIL I

a Wohin geht die Sendung?

b Was ist in der Sendung?

c Warum soll sie mit Luftpost geschickt werden?

d Was kostet die Sendung mit Luftpost?

TEIL II

Gesprächspartner: _____

Problem: _____

Resultat: _____

TEIL III

Jahreszeit: _____

Wetter: _____

Temperatur: _____

Wind: _____

**46
Rätsel**

Ein Traum, sie einmal zu lenken!
Die Anfangsbuchstaben der fehlenden Worte ergeben die Lösung

Anfangsbuchstaben

1 _____ Lkw bedeutet _____.

2 _____ Wir hören mit den _____.

3 _____ Nehmen Sie Tee oder _____?

4 _____ Polen liegt in _____ -europa.

5 _____ Eisen, Kupfer, Silber sind _____.

6 _____ entweder – _____.

7 _____ Die _____ beträgt heute 27 Grad Celsius.

8 _____ Korsika zum Beispiel ist eine _____.

9 _____ Könnten Sie das bitte wiederholen, ich habe Sie nicht _____.

10 _____ Leute über 18 sind _____.

47
Rätsel

Die Buchstaben bleiben gleich. Es kommt immer nur ein neuer Buchstabe hinzu.

1 Bitte ein Frühstück mit _____   _____

2 Vanille _____ mit Sahne   _____

3 Schnitzel mit _____ und Salat   _____

4 Wir machen eine _____ nach Portugal   _____

Roman

TEIL 3

👓

*Erinnern Sie sich, wo der Unbekannte bisher auftrat?
Beschreiben Sie die Szenen.*

0 Uhr 25. Aufregung im Polizeirevier 6. Anruf einer Dame in der Kohlhasestraße 27 B. Frau – wie war doch schnell ihr Name? – Proske hat den Notruf betätigt und dem Wachhabenden mit hysterischer Stimme mitgeteilt:
5 „Hilfe! Kommen Sie sofort, Herr Wachtmeister!"
„Beruhigen Sie sich doch erst einmal, ich schicke Ihnen gleich einen Streifenwagen."
„Warum kommen Sie nicht selbst, ich brauche sofort Hilfe!"
10 „Jetzt mal langsam. Ich sitze hier fest, und die Streife ist viel schneller. Was ist denn überhaupt geschehen?"
„Ich bin überfallen worden! Mein Mann hat heute Nachtschicht, ich war bereits im Bett und habe wohl geschlafen, plötzlich wache ich auf, da steht neben mir
15 ein fremder Mann."
„Ist er etwa immer noch bei Ihnen?"

„Unverschämtheit! Was erlauben Sie sich!"
„Ist er vielleicht plötzlich verschwunden, so wie im Nichts?"
„Woher wissen Sie das?" 20
„Das kennen wir jetzt schon. Wodurch sind Sie denn aufgewacht?"
„Etwas hat mich in den Arm gestochen."
„Da haben wirs."
Zwölfeinhalb Minuten später trifft die Streife bei Frau 25
Proske ein und besetzt die Wohnung, bis der Gerichtsmediziner kommt. Dieser untersucht die Einstichstelle an Frau Proskes Arm und äußert die Vermutung, daß eine Blutprobe genommen wurde. Gift scheint keines in den Körper von Frau Proske gelangt zu sein. Was wollte der 30
Attentäter mit dem Blut?

Suchen Sie eine Antwort auf die Frage, mit der dieser Abschnitt endet! Erzählen Sie die Geschichte weiter, lassen Sie Ihre Phantasie spielen!

Phonetisches Zwischenspiel

1 ⊙⊙
Bitte hören Sie

a) lesen → lösen
   Besen   bösen
   Lehne   Löhne

b) Öfen → Ofen
   Löhnen   lohnen
   Höhle   hole

c) helle → Hölle
   Wärter   Wörter
   kennen   können

d) könnte → konnte
   möchte   mochte
   Zölle   Zolle

2
Bitte sprechen Sie

a) bösen → Besen
   Lehne   Löhne
   Höfe   Hefe
   Söhne   Sehne

b) Öfen → Ofen
   hole   Höhle
   Söhne   Sohne
   Löhnen   lohnen

c) Wärter → Wörter
   völlig   fällig
   kennen   können
   helle   Hölle

d) möchte → mochte
   konnte   könnte
   Wörter   Worte
   Zölle   Zolle

3 ⊙⊙
Welches Wort hören Sie?

☐ lösen
☐ lesen

☐ Wärter
☐ Wörter

☐ möchte
☐ mochte

☐ Höhle
☐ hole

☐ Öfen
☐ offen

☐ Ofen
☐ Öfen

4
Bitte sprechen Sie

Königskrone
Honiglöffel
hohe Zölle
böse Mächte
ich höre täglich mehr
schönes Böhmen
große Worte
die Flöhe husten hören

5
Bitte sprechen Sie

lesen → lösen → losen
Hefe   Höfe   Hofe
Söhne   Sohne   Sehne
mochte   Mächte   möchte
Zölle   Zelle   Zolle

6
Bitte sprechen Sie

schön und böse
der tote König
ich höre das Meer
schöne Hände
ich wäre blöd, wenn ich das täte
die Löcher im Käse
die böse Fee
er redet große Töne

7 ⊙⊙
Bitte hören Sie

Wein → Wien → Wein
heiß   hieß   heiß
Beine   Biene   Beine
scheinen   schienen   scheinen
heißen   hießen   heißen

8
Bitte sprechen Sie

Wien → Wein → Wien
lieb   Leib   lieb
Biene   Beine   Biene
Wiese   Weise   Wiese
dienen   deinen   dienen

9 ⊙⊙
Welches Wort hören Sie?

☐ heiß
☐ hieß

☐ deinen
☐ dienen

☐ lieb
☐ Leib

☐ Biene
☐ Beine

☐ Wein
☐ Wien

☐ scheinen
☐ schienen

10
Bitte sprechen Sie

hieß er nicht Meier?
trinken Sie lieber Bier oder Wein?
heiße Liebe
lieben Sie die Maienzeit?
Bescheidenheit ist eine Zier
Freiheit die ich meine

Phonetisches Zwischenspiel

11 👓
Bitte hören Sie

Laute	→ Leute	→ Laute
Trauer	treuer	Trauer
Baume	Bäume	Baume
baute	Beute	baute
Traume	Träume	Traume

12
Bitte sprechen Sie

Leute	→ Laute	→ Leute
Träume	Traume	Träume
Bäume	Baume	Bäume
treuer	Trauer	treuer
Beute	baute	Beute

13 👓
Welches Wort hören Sie?

☐	treuer	☐	Mäusen
☐	Trauer	☐	mausen
☐	Bäume	☐	Sau
☐	Baume	☐	Säue
☐	Laute	☐	bräuner
☐	Leute	☐	Brauner

14
Bitte sprechen Sie

Scheine	→ Scheune	→ Scheine
heiser	Häuser	heiser
nein	neun	nein
Meise	Mäuse	Meise
heilen	heulen	heilen
leiten	Leuten	leiten
Bayerin	Bäuerin	Bayerin

15 👓
Welches Wort hören Sie?

☐	Mäuse	☐	Feier
☐	Meise	☐	Feuer
☐	Scheine	☐	heulen
☐	Scheune	☐	heilen
☐	Reue	☐	neun
☐	Reihe	☐	nein

16
Bitte sprechen Sie

die Leute lassen sich nicht länger leiten
das Feuer ergreift viele Häuser
Träume sind Schäume
lauter neue Scheine

Rauchsäule
Feuerwehrleiter
Häuserreihe
Brautleute

> *Fischers Fritz fischt frische Fische.*
>
> *Wir Wiener Waschweiber wollten weiße Wäsche waschen, wenn wir wüßten, wo warmes Wasser wäre.*
>
> *Zwischen zwei Zwetschgenzweigen zwitschern zwei Schwalben.*
>
> *In Ulm und um Ulm und um Ulm rum.*
>
> *Der Cottbuser Postkutscher putzt den Cottbuser Postkutschkasten.*
>
> *Blaukraut bleibt Blaukraut und Brautkleid bleibt Brautkleid.*

„laut denken"

Sagen Sie alles, was Ihnen
zu den Bildern einfällt!

Kapitel 4

1
● Studie

a Woher kommen Sie?

= *Wo kommen Sie her?*

b Wohin ist der Kuckuck geflogen?

= *Wo ist der Kuckuck hingeflogen?*

c Woher ist die Platte?

= _____

d Woher weißt du das?

= *Wo weißt du das her*

e Woher bist du heute nacht gekommen?

= *hergekommen*

2
● Studie

a Ich habe die Flasche dorthin gestellt.

= *Dort habe ich die Flasche hingestellt.*

b Wir sind noch nie dorthin gegangen.

= *Dort sind hingeg...*

c Wohin gehen Sie so eilig?

= _____

d Sie hat die Blumen hierher gestellt.

= *Hier hat sie die Bl hergestellt*

e Woher stammt der Cognac?

= _____

4

3
● Studie

Kurzform
(wenn das Ziel bekannt ist)

a Bitte komm zu mir! → *Bitte komm her!*

b Bitte geh zum Kiosk! → *" geh hin*

c Kommen Sie zu uns! → _____

d Bitte fahren Sie zur Oper! → _____

e Sie müssen sich ins Bett legen. → *legen Sie sich hin*

4
● Elemente

DAS ZIEL

Kurzform (wenn das Ziel bekannt ist):

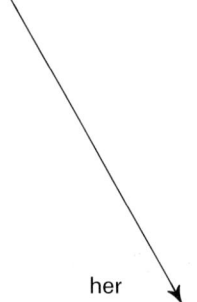

her

hin

ebenso:

herunter	hinunter
herauf	hinauf
herein	hinein
heraus	hinaus
herüber	hinüber

schriftlich

= runter
rauf
rein
raus
rüber

mündlich

61

5
Suchen und finden

In Mainz ist Karneval.
→ Du, fahren wir hin?

In London ist ein Fußballspiel.
Meine Schwester heiratet.
Interessierst du dich für Picasso? Heute ist der letzte Tag!
Das Restaurant ist wahnsinnig teuer.
Morgen abend ist eine Feministinnen-Veranstaltung.
Wochenendflug Palermo 350 Mark!
Gutes Eis im Café Roma!
In Freiburg ist eine Parteiveranstaltung.
Der Unterricht beginnt.

6
Suchen und finden

Der Koffer ist schwer.
→ Stellen Sie ihn doch hin!

Ich stehe schon seit zwei Stunden.
→ Setzen Sie sich doch hin!

Ich bin todmüde.
Franz hat mich eingeladen.
Interessantes Theaterstück!
Ich glaube, ich habe Fieber.
Ich kann nicht mehr länger stehen.
Der Obstkorb ist schwer!
Interessanter Film!
Heute ist bei meinem Nachbarn ein Sommerfest.

7 ◉◉
● Szene

Frau Schneck:	Neun Uhr.
Herr Morgenstern:	Herein! – Bitte, nur herein!
Frau Schneck:	Guten Morgen, Herr Morgenstern! Aber – aber Sie liegen ja noch im Bett! Bitte, Ihr Frühstück.
Herr Morgenstern:	Können Sie den Kaffee bitte hierher stellen, hierher ans Bett?
Frau Schneck:	Sind Sie krank, Herr Morgenstern?
Herr Morgenstern:	Nein, nein. Entschuldigung, Frau Schneck, dort steht meine Medizin.
Frau Schneck:	Wo?
Herr Morgenstern:	Am Fenster, schauen Sie hin –
Frau Schneck:	Da steht nichts.
Herr Morgenstern:	Nichts? Ich hab die Flasche doch dorthin gestellt!
Frau Schneck:	Die Flasche dort? Aber Herr Morgenstern, das ist ja Whisky!
Herr Morgenstern:	Klar. Meine Medizin. Geben Sie her.
Frau Schneck:	Gott, die jungen Leute! Morgens um neun trinkt der Mensch Whisky!
Herr Morgenstern:	Das tu ich immer, seit zwanzig Jahren.
Frau Schneck:	Verzeihung, wie alt sind Sie?
Herr Morgenstern:	Zwanzig.

8

● **Suchen und finden**

Wo ist der Whisky? → Oben auf dem Schrank. → Bitte holen Sie ihn runter!
Wo ist das Bier? → Im Kühlschrank. → Bitte holen Sie es raus!
　　　　　　　　　Auf dem Balkon.
　　　　　　　　　In der Küche.
　　　　　　　　　Im Schrank.
　　　　　　　　　Im Keller.
　　　　　　　　　Unter dem Bett.
　　　　　　　　　Am Fenster.
　　　　　　　　　Oben auf dem Regal.
　　　　　　　　　Im Treppenhaus.

9 ☺☺

● **Bitte sprechen Sie**

Herr Müller ist draußen.
　→ Kann er bitte reinkommen?

Herr Meier ist oben.
Frau Schmalz ist unten.
Ihre Nichte ist drüben.
Ihr Bruder ist unten.
Herr und Frau Berg sind drinnen.
Deine Sekretärin ist draußen.
Hans und Maria sind unten.
Ihre Schwester ist draußen.
Herr Vogt ist oben.

10 ☺☺

● **Bitte sprechen Sie**

Der Sekt ist im Kühlschrank.
　→ Ich hol' ihn raus.

Der Koffer ist auf dem Schrank.
　→ Ich hol' ihn runter.

Der Ball ist im Nachbargarten.
Die Äpfel sind im Keller.
Die Gäste stehen vor der Tür.
Die Blumenvase steht auf dem
　Schrank. *runter*
Der Wein ist im Keller. *rauf*

Die Schallplatten sind im Schrank. *raus*
Maria liegt im Bett.
Die Kirschen sind reif. *runter*

11
Studie

Bitte benutzen Sie die vollen Formen *hinauf, herauf, hinunter* usw.

a Der Herr wohnt oben im neunten Stock, kann ich mit dem Lift _hinauf *fahren*_ ?

b Leider ist der Lift kaputt. Sie müssen zu Fuß _hinauf gehen_ .

c Oder vielleicht kann der Herr zu mir _herunter kommen_ ?

d Hier ist das Telefon, wollen Sie _hinauf rufen_ ?

e Ah, da kommt das Zimmermädchen von oben _herunter_ .

f Der Herr ist mit dem Lift unterwegs. Wahrscheinlich steckt er im Lift und kann nicht _heraus kommen_

g Da seh ich ja seine Schuhe! Hier im Lift, schauen Sie _hinein_ !

h Da steckt er nun, der Arme, und kann nicht _hinauf_ und nicht _hinunter_ .

12
Studie

a Ich habe keine Lust, länger in diesem Käfig zu bleiben. Ich will _____ .

b Diese Menschen sind komische Tiere. Da stehen sie und schauen blöd zu uns _____ .

c Endlich! Das Frühstück. Man gibt uns Bananen und Nüsse _____ .

d Diese Nüsse schmecken mir überhaupt nicht, die werfe ich immer sofort wieder _____ .

e Die Schulkinder werfen uns wieder Steine in den Käfig _____ .

f Ich klettere auf den Baum, hole tief Atem und spucke von oben auf sie _____ .

13
Lesetext

Einst haben die Kerls auf den Bäumen gehockt,
behaart und mit böser Visage.
Dann hat man sie aus dem Urwald gelockt
und die Welt asphaltiert und aufgestockt,
5 bis zur 30. Etage.

Da saßen sie nun den Flöhen entflohn
in zentralgeheizten Räumen.
Da sitzen sie nun am Telefon.
Und es herrscht noch genau derselbe Ton
10 wie seinerzeit auf den Bäumen.

Sie hören weit. Sie sehen fern.
Sie sind mit dem Weltall in Fühlung.
Sie putzen die Zähne. Sie atmen modern.
Die Erde ist ein gebildeter Stern
15 mit sehr viel Wasserspülung.

So haben sie mit dem Kopf und dem Mund
den Fortschritt der Menschheit geschaffen.
Doch davon mal abgesehen und
bei Lichte betrachtet, sind sie im Grund
20 noch immer die alten Affen.

ERICH KÄSTNER

14
Textarbeit

1 Geben Sie dem Gedicht eine Überschrift.

2 Finden Sie das Gedicht dumm? Finden Sie das Gedicht intelligent? Und warum?

3 Wie zeichnet Erich Kästner die Affen? Sind Sie mit seiner Darstellung einverstanden?

4 Was hält Erich Kästner vom Fortschritt, mit welchen Beispielen charakterisiert er ihn und was sagen diese Beispiele?

5 Was bedeutet Zeile 16 „mit dem Kopf und dem Mund"? Ist diese Bemerkung ernst oder ironisch?

6 Und was halten S i e vom Fortschritt der Menschheit? Überlegen Sie und schreiben Sie zu dieser Frage einige Sätze nieder.

> *Wenn einer keine Angst hat, hat er keine Phantasie.*
> ERICH KÄSTNER
>
> *Ist es nicht sonderbar, daß die Menschen so gerne für ihre Religion streiten und so ungerne nach ihr leben.*
> G. CH. LICHTENBERG
>
> *Zu viel Freizeit kann dazu führen, daß die Menschen das tun, was sie schon immer gern getan haben: einander umzubringen.*
> ALEXANDER MITSCHERLICH

15
Szene

Herr Lützow:	Bitte kommen Sie rein. Herzlich willkommen!
Herr Hein:	Um Gottes willen! Hilfe!!
Herr Lützow:	Oh, Sie brauchen keine Angst zu haben. Das ist Napoleon, unser kleiner Tiger.
Herr Hein:	Wie alt?
Herr Lützow:	Acht Monate.
Herr Hein:	Süß. – Beißt er nicht?
Herr Lützow:	Doch, doch, aber nur, wenn man ihn ärgert.
Herr Hein:	Spielen Sie auch mit ihm?
Herr Lützow:	Natürlich. Gigigigi! Aber Sie brauchen nicht mit ihm zu spielen. Ein liebes Tier. Nachts schläft er bei mir im Bett.
Herr Hein:	Im Bett?
Herr Lützow:	Ja. Aber Sie brauchen nicht mit ihm zu schlafen.
Herr Hein:	Vielen Dank.

16
● **Bitte sprechen Sie**

Ich habe Angst.
  → Sie brauchen keine Angst zu haben.

Ich springe ins Wasser.
  → Sie brauchen nicht ins Wasser zu springen.

Ich laufe weg.   *weg zu laufen*
Ich steige auf den Baum.
Ich habe Angst.

Ich gehe heim.
Ich springe ins Wasser.
Ich zahle.
Ich schieße.
Ich reise ab.
Ich habe Angst.
Ich verabschiede mich.

17

● **Elemente**

BRAUCHEN ALS MODALVERB

positiv: *negativ:*

Du mußt ins Wasser springen! ⟨──── | Du mußt nicht ins Wasser springen. | ⎫ | Bedeutung |
                                      | Du brauchst nicht ins Wasser zu springen. | ⎬ | ungefähr gleich |

Hier benützen wir brauchen als Modalverb:
    Du *brauchst* nicht *zu* springen.

Natürlich können wir brauchen auch als normales Verb benützen:
    Ich *brauche* sofort einen Arzt.

18 ☉☉
● **Bitte sprechen Sie**

Ich gehe nie ins Wasser.
  → Sie brauchen auch nicht ins Wasser zu gehen.

Ich schieße nie.
Ich fahre nie Motorrad.
Ich singe nie.
Ich spiele nie Fußball.
Ich dusche mich nie.
Ich spiele nie Pingpong.
Ich tanze nie.
Ich koche nie.
Ich schminke mich nie.

19 ☉☉
● **Bitte sprechen Sie**

Wer zahlt?
  → Sie brauchen nicht zu zahlen.

Wer hilft?
Wer ruft an?
Wer arbeitet mit?
Wer fährt?
Wer kauft ein?
Wer holt das Bier?
Wer repariert das Fenster?
Wer kocht?
Wer schreibt?

20 ☉☉
● **Bitte sprechen Sie**

Ich arbeite langsam.
  → Du brauchst nicht schnell zu arbeiten.

Ich lerne langsam.
Ich gehe langsam.
Ich rechne langsam.
Ich übersetze langsam.
Ich schreibe langsam.
Ich fahre langsam.
Ich lese langsam.
Ich schwimme langsam.
Ich laufe langsam.

21
Studie

Stella kommt nicht.

Stella antwortet nicht.

Stella hilft nicht.

Stella nimmt kein Geschenk an.

Stella besucht uns nicht.

Stella hört nicht zu.

Du brauchst nicht zu warten.

" " " zu ~~antworten~~ fragen

zu ~~helfen~~ bitten

Kein Geschenk zu geben

sich zu ~~besuchen~~ einzuladen

zu sprechen

22
● **Studie**

Postkarte genügt.

Anruf genügt.

50 Pfennig genügen.

Eine Frage genügt.

Telegramm genügt.

Ja oder Nein genügt.

1 Mark genügt.

Ein Satz genügt.

Paß genügt.

Unterschrift genügt.

Sie brauchen nur eine Postkarte zu schreiben.
Sie brauchen nur anzurufen.

" " nur 50 Pfennig zu geben/zahlen

eine Frage zu ~~fragen~~ stellen

ein Telegramm zu senden

Ja oder Nein zu sagen

1 Mark zu geben

ein Satz zu sagen

ein Paß bekommen

ein Unterschrift zu machen

23
● **Elemente**

Sie müssen nur anrufen. ⎫
Sie brauchen nur anzurufen. ⎬ Bedeutung
                              ungefähr gleich

↖ *besserer Stil*

Anmerkung:

RICHTIG: ⎰ Sie brauchen nicht zu warten.
         ⎱ Sie brauchen nur zu fragen.
           Sie müssen zahlen.

UNMÖGLICH: Sie brauchen zu zahlen.

24
● Suchen und finden

Die Lampe ist kaputt.
→ Kein Problem! Du brauchst nur zum Elektriker zu gehen.

Die Uhr ist kaputt.
Der Motor ist kaputt.
Mein Mantel ist schmutzig.
Ich habe Zahnschmerzen.
Das Radio ist defekt.
Der Wein ist alle.
Mein rechter Schuh ist kaputt.
Ich habe keine Briefmarken mehr.
Ich bin soooo müde!

25
● Suchen und finden

Ich bin kein Sänger.
→ Klar. Sie brauchen nicht zu singen.

Ich bin kein Boxer.
Ich bin kein Reiter.
Ich bin kein Elektriker.
Ich bin Nichtraucher.
Ich bin kein Briefschreiber.
Ich bin kein Chinese.
Ich bin Antialkoholiker.
Ich bin kein Automechaniker.
Ich bin kein Rembrandt.

26
● Suchen und finden

Das ganze Buch kann ich heute nicht lesen.
→ Sie brauchen nur ein Kapitel zu lesen.

Den ganzen Preis kann ich heute nicht bezahlen.
Die ganze Wohnung kann ich nicht allein putzen.
Alle acht Personen kann ich nicht mitnehmen.
Ich kann nicht den ganzen Text allein übersetzen.
Alle Zimmer können wir nicht heizen.
Den ganzen Tag kann ich dir leider nicht helfen.
Ich kann die Torte nicht ganz allein essen.
200 Mark kann ich dir leider nicht leihen.
Ich kann nicht alle vier Babys tragen.

27
Kleine Landschaft (s. S. 69)

Wählen Sie einen Weg – von oben nach unten oder von rechts nach links. Erzählen Sie eine Geschichte: bereiten Sie sich allein oder in kleinen Gruppen vor und reden Sie dann frei.

4

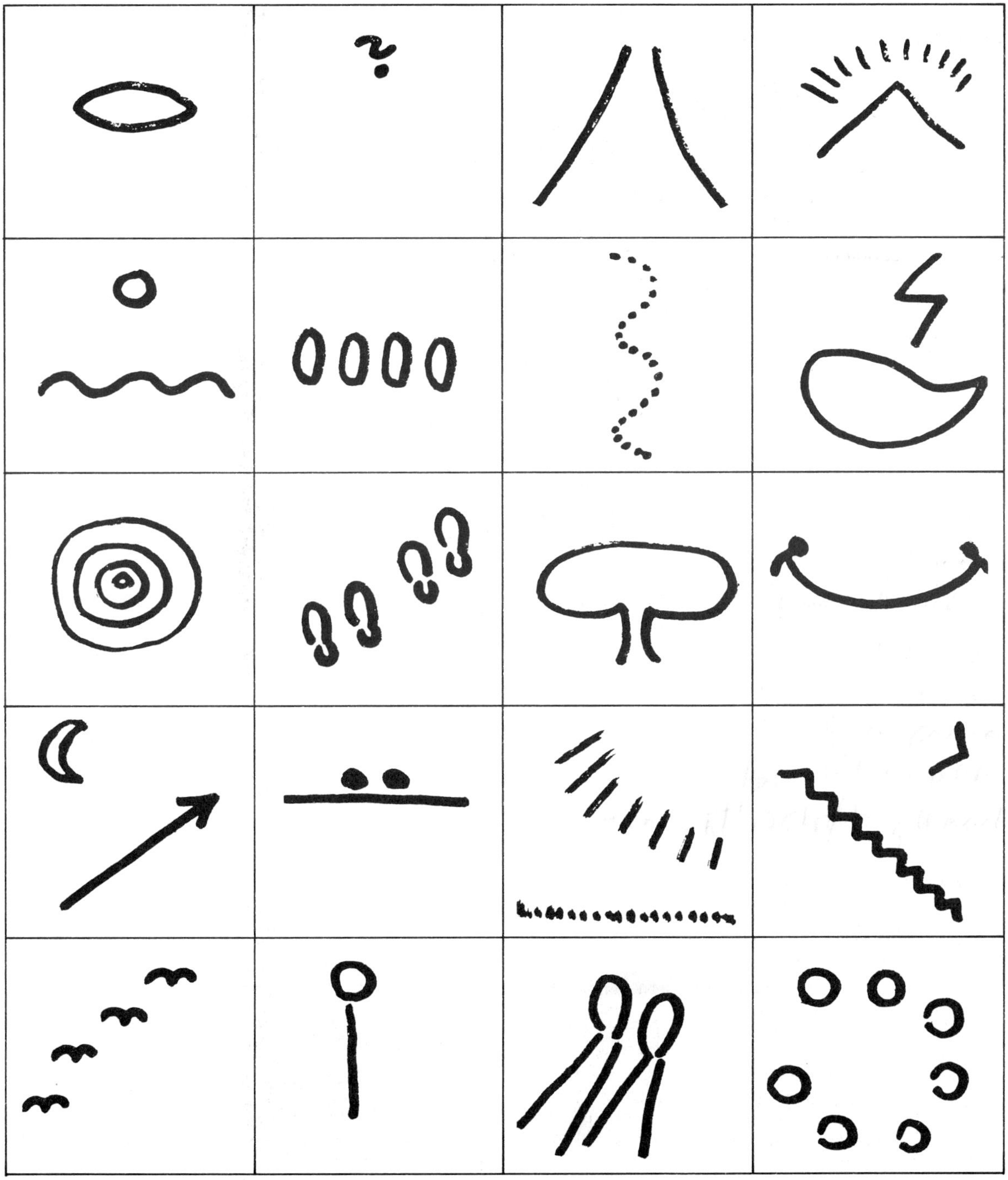

**28
Lesetext**

Die folgenden Fragen wurden an Jugendliche zwischen 15 und 25 Jahren gestellt. Hier sind die Antworten in Prozent:

		Frankreich	England	Bundesrepublik Deutschland	Indien	Jugoslawien	USA
Werden wir in 30 Jahren eine bessere Gesellschaft haben?	ja	20	32	33	63	83	40
	nein	48	60	59	35	17	50
Wird menschliche Klugheit einen dritten Weltkrieg verhindern?	ja	52	48	53	74	80	53
	nein	31	49	43	25	20	46
Das Geld ist zum Ausgeben da (statt zum Sparen). Stimmt das?	ja	71	46	51	58	90	35
	nein	20	51	46	41	10	63
Harte Arbeit ist notwendig und wichtig. Stimmt das?	ja	20	59	36	64	42	58
	nein	72	39	60	35	58	41

Die Gesamtergebnisse ergeben wegen eines Anteils an „keine Antwort" nicht immer 100%.

**29
Textarbeit**

1 Wie beantworten Sie selbst diese vier Fragen?

2 Welche Eigenschaften werden durch diese Fragen vermutlich getestet? Prüfen Sie jede der Fragen sorgfältig.

3 Vergleichen Sie nun die Ergebnisse in den verschiedenen Ländern. Suchen Sie die Spitzenzahlen heraus; können Sie diese Spitzen begründen?

4 Wo sind die Zahlen der Antwort „keine Antwort" besonders hoch?

**30
Schreibschule**

Bitte schreiben Sie einen Essay über die Statistik (28). Schreiben Sie etwas über:

1 Die Adressaten der Umfrage.

2 Die Fragen. Welche Eigenschaften werden durch diese Fragen getestet?

3 Die Zahlen. Vergleich der Länder.

4 Einige besonders interessante Resultate.

Die Punkte müssen natürlich nicht in dieser Reihenfolge kommen (Punkt 4 kann z. B. auch am Anfang stehen).

31 ⊙⊙
● **Hören und verstehen**

TEIL I

a   Wo spielt die Szene? _____

b   Wieviel Geld möchte der Herr haben? _____

c   Warum bekommt er es nicht?_____

TEIL II

Die Dame ist _____

Auf der Insel gibt es _____

Die Katzen müssen geschützt werden vor_____

TEIL III

	Siegenthaler	Hasler
Alter		
Sportart		
Medaille		

32
Kombination

Finden Sie möglichst viele kombinierte Nomen

Theater	schauspieler
Film	produktion
Jahres	ende
Mode	arbeit
Briefmarken	spiel
Kohle	ernte
Getreide	sammlung
Kriegs	teller
Grund	spielzeug
Gemeinschafts	linie
Maschinen	zeitung
Obst	lärm
Kinder	felder

33
Das richtige Wort

Wo arbeiten diese Leute und was tun sie?

Tänzer, Sekretärin, Schauspieler, Arzt, Schriftsteller, Bergarbeiter, Goldschmiedin, Automechaniker, Fotografin

34
Rätsel

bar – ben – chen – chen – di – di – ein – en – er – es – fen – ge – im – in – in – kau – lau – laub – len – mäd – me – mein –
men – mer – mer – mer – na – nach – nen – neh – o – par – ra – rom – sam – sen – som – su – tei – ur – zah – zim

Zum Karneval gehe ich als _____ .
Die Anfangsbuchstaben der gesuchten Wörter ergeben die Lösung

1 _____ 1, 2, 3 sind _____

2 _____ Gegenteil von nie: _____

3 _____ Wir arbeiten _____ an diesem Projekt, ein gutes Team

4 _____ Komm, das Abend _____ ist fertig!

5 _____ Ferien oder _____

6 _____ Er wohnt im nächsten Haus, mein _____

7 _____ Wir können im Supermarkt _____

8 _____ Hauptstadt von Italien: _____

9 _____ Die SPD ist eine _____

10 _____ Der Opa saß vor dem _____ und hörte Nachrichten

11 _____ Bombay liegt in _____

12 _____ Gegenteil von geben: _____

13 _____ Sie macht die Betten im Hotel – das _____

14 _____ Gegenteil von verbieten: _____

15 _____ Jahreszeit: _____

16 _____ Gegenteil von finden: _____

17 _____ Nicht außen sondern _____

18 _____ So heiße ich, das ist mein _____

„laut denken"
Sagen Sie alles, was Ihnen zu den
Bildern einfällt.

Roman

TEIL 4

Was war das Hauptereignis der letzten Geschichte?

„Womit kann ich Ihnen dienen?"
„Würden Sie mir bitte Ihre Spezialkameras vorführen."
„Sie wünschen also einen professionellen Apparat."
„So ist es."
5 Nach langem Hin und Her kommen vier Geräte in die
engere Auswahl. Der Kunde wünscht Probeaufnahmen.
Er besteht unbedingt darauf, bei der Entwicklung der
Filme selbst dabeizusein. Beim Kauf einer so teuren
Kamera bleibt dem Inhaber des Fotogeschäftes nichts
10 anderes übrig, als der exzentrischen Forderung zuzu-
stimmen.
Beim Betreten der Dunkelkammer erlebt der Fotohändler eine Überraschung. Obwohl die Türe fest geschlossen ist, will ein alleserfüllendes Licht, das aus keiner
15 speziellen Quelle kommt, nicht verschwinden. Fragend
schaut der Fotohändler seinen Kunden an: „Ich verstehe
nicht, wo hier noch eine Lampe brennt?"

„O Verzeihung, ich schalte mich aus."
Die Entwicklung des Films kann ungestört beginnen.
Nach einer halben Stunde verläßt ein noch immer etwas 20
blasser Fotohändler den Entwicklungsraum. Im hinteren
Teil seines Ladens entnimmt er einem Geheimfach eine
Flasche mit Schnaps und stärkt sich. Der Kunde be-
trachtet inzwischen die Negative und entscheidet sich
schließlich für eine Kamera. Der Preis ist beachtlich. 25
Der exzentrische Kunde erbittet sich die entwickelten
Negative, alle. Mit zitternden Fingern überreicht ihm der
Händler die neue Kamera und die in Papier eingeschla-
genen Negative. Der Kunde verläßt den Laden, der
Händler sinkt erschöpft auf einen Stuhl nieder, er senkt 30
den Blick, sein Blick trifft auf einen Negativstreifen, der
wohl vom Tisch gefallen ist. Der Streifen zeigt auf allen
Bildern . . . den weißen Schatten einer Person. Woher
denn nur? Dem Fotohändler wird übel vor Angst.

*Können Sie sich diese Geschichte erklären? Versuchen
Sie, eine Hypothese zu finden.*

Phonetisches Zwischenspiel

1 ⊙⊙
Bitte hören Sie

a) Kiel → kühl
   vier   für
   liegen   lügen
   spielen   spülen

   Tür → Tier
   Flüge   Fliege
   Züge   Ziege

b) Mist → müßt
   missen   müssen
   Kiste   Küste
   Kissen   küssen

2
Bitte sprechen Sie

a) Tier → Tür
   lügen   liegen
   spielen   spülen
   Flüge   Fliege
   Kiel   kühl

   Mist → müßt
   müssen   missen
   Kiste   Küste
   küssen   Kissen

b) Biene → Bühne
   Düse   diese
   sieden   Süden

3 ⊙⊙
Welches Wort hören Sie?

☐ Fliege   ☐ Bühne
☐ Flüge   ☐ Biene

☐ mißte   ☐ Kiel
☐ müßte   ☐ kühl

☐ liegen   ☐ Kissen
☐ lügen   ☐ küssen

☐ Gericht ☐ müßt
☐ Gerücht ☐ Mist

4
Bitte sprechen Sie

Frühlingslieder
viel Vergnügen
Übungsziel
viele Bücher
Bühnenspiel
sieben Brüder

5 ⊙⊙
Bitte hören Sie

a) für → fuhr
   lügen   lugen
   Züge   Zuge

b) Wüste → wüßte
   fühlen   füllen

   bieten   bitten
   schief   Schiff

6
Bitte sprechen Sie

a) fuhr → vier
   Zuge   Ziege
   lugen   liegen

b) müßte → mußte
   wüßte   wußte

c) Wüste → wüßte
   Hüte   Hütte
   Miete   Mitte
   Wiesen   wissen

7 ⊙⊙
Welches Wort hören Sie?

☐ bitten   ☐ vier
☐ bieten   ☐ für

☐ spülen   ☐ Miete
☐ spielen ☐ Mitte

8 ⊙⊙
Bitte hören Sie

vier   → für   → fuhr
Ziege   Züge   Zuge
Fliege   Flüge   Fluge
Tieren   Türen   Touren
spielen   spülen   spulen
liegen   lügen   lugen

9
Bitte sprechen Sie

vier   → für   → fuhr
Züge   Zuge   Ziege
Fluge   Fliege   Flüge
Türen   Touren   Tieren
spielen   spulen   spülen
lügen   lugen   liegen

10 ⊙⊙
Welches Wort hören Sie?

☐ Tieren   ☐ Zuge
☐ Türen   ☐ Züge

☐ Mütter   ☐ lügen
☐ Mutter   ☐ lugen

☐ mißte   ☐ Rücken
☐ müßte   ☐ rucken

☐ spielen ☐ müßte
☐ spülen   ☐ mißte

Phonetisches Zwischenspiel

11 ⊙⊙
Bitte hören Sie

Achten Sie bitte bei den folgenden Beispielen auf das unbetonte e in der Endung

sage	→	sagen
trinke		trinken
lese		lesen
Name		Namen
Gebäude		Gebäuden

Fürsten	→	Fürstin
Ärzten		Ärztin
Wirten		Wirtin
Gatten		Gattin
Köchen		Köchin

diese	→	dieser
fette		Vetter
Wunde		Wunder

12
Elemente

Man schreibt das unbetonte e mit dem Buchstaben e, aber es klingt nicht wie ein e. Es ist ein neutraler Vokal. Neutral, weil weder die Zunge, noch der Unterkiefer oder die Lippen eine besondere Stellung einnehmen (wie das bei den anderen Vokalen ist). Das unbetonte e hat seine Vokalfarbe verloren.

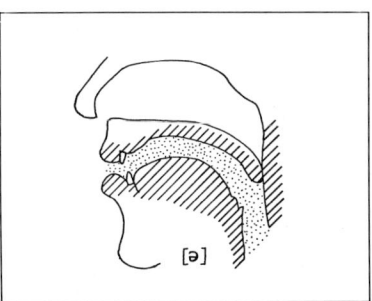

Der Unterkiefer ist kaum gesenkt. Die Lippen sind nur ganz leicht geöffnet, dabei weder breitgespannt, noch vorgestülpt. Die Zunge liegt wie unbeteiligt im Mund, mit der Spitze an den Unterzähnen, den Zungenrücken weder vorn noch hinten erhoben.

Das unbetonte e darf im Deutschen nicht wie ein unbetontes a klingen! Der Unterkiefer wäre dann zu weit gesenkt, der Mund wäre zu offen.

13
Bitte sprechen Sie

lese	→	lesen
Wolle		wollen
Rede		reden
schreibe		schreiben
Banane		Bananen

Wirtin	→	Wirten
Königin		Königen
Ärztin		Ärzten
Studentin		Studenten
Zeugin		Zeugen

manche	→	mancher
lache		Lacher
schreibe		Schreiber

14 ⊙⊙
Welches Wort hören Sie?

- ☐ Rede
- ☐ reden

- ☐ Ärzten
- ☐ Ärztin

- ☐ Wunder
- ☐ Wunde

- ☐ mancher
- ☐ manche

- ☐ Fischern
- ☐ fischen

15
Bitte sprechen Sie

ich habe gewartet
ich trinke Wasser
ich habe 17 Briefe geschrieben
bitte, ich trage dir den Koffer

ich habe gefragt, aber ich habe
      keine Antwort gekriegt
welcher Dame gehört die Bluse?
wie ein Wunder verheilte die Wunde
sie fuhren mit den Fischern fischen

Kapitel 5

1

● **Elemente**

DAS VERB DIRIGIERT DEN SATZ

(1) Ich höre am liebsten Mozart.

hören
NOM · AKK

Das Verb **hören**
hat 2 Valenzen:
NOM und AKK

---

(2) Bitte folgen Sie meinem Rat.

folgen
NOM · DAT

Das Verb **folgen**
hat 2 Valenzen:
NOM und DAT

---

(3) Der kleine Hansi schenkt seiner
Freundin einen Luftballon.

schenken
NOM · DAT · AKK

Das Verb **schenken**
hat 3 Valenzen:
NOM, DAT und AKK

---

(4) Ich bitte Sie um Ihre Unterschrift.

bitten
NOM · AKK · um + AKK

Das Verb **bitten**
hat 3 Valenzen:
NOM, AKK und um + AKK

---

(5) Ich danke Ihnen für die Rosen.

danken
NOM · DAT · für + AKK

Das Verb **danken**
hat 3 Valenzen:
NOM, DAT und für + AKK

2

● **Elemente**

VERBEN MIT FESTEN PRÄPOSITIONEN

ich denke ich erinnere mich ich schreibe	*an* dich	(Ziel)
ich freue mich ich bin gespannt ich hoffe ich warte	*auf* den Brief	(Ziel)
die Tür besteht die Tür ist	*aus* Holz	
ich bedanke mich ich danke ich interessiere mich ich sorge	*für* die Blumen	
ich bin ich entscheide mich ich kämpfe ich protestiere	*für* die Republik *gegen* die Republik	
ich diskutiere ich bin einverstanden ich rede ich spreche ich unterhalte mich ich bin verheiratet	*mit* ihm	
ich beginne ich fange an ich höre auf ich mache Schluß	*mit* dem Studium	
es riecht es schmeckt	*nach* Lavendel	
wir diskutieren wir lachen wir reden wir sprechen wir unterhalten uns ich ärgere mich ich freue mich	*über* den Film	(Ziel)

(Fortsetzung auf S. 80)

ich bewerbe mich ich bitte ich kümmere mich es handelt sich	*um* das Stipendium (Ziel)
es hängt ab ich erzähle ich träume	*von* dir
ich habe Angst ich fliehe ich fürchte mich	*vor* dem Tiger

Bitte beachten Sie:
Ich freue mich *auf* meinen Geburtstag – der Tag ist morgen
Ich freue mich *über* meinen Geburtstag – der Tag ist heute

3
● **Kombination**

Der Opa erzählt	für Mozart
Wir unterhalten uns	über die Zauberflöte
Sie spielt	die kleine Charlotte
Ich küsse	Violine
Ich interessiere mich	von seiner Wiener Studienzeit
Er bewirbt sich	um eine Arbeit beim Rundfunk

4
● **Kombination**

Ich freue mich	nach Kölnisch Wasser
Sie ist verheiratet	einen Platz in der ersten Reihe
Ich hätte gern	für die Einladung
Wir sprechen	mit einem Pianisten
Charlotte duftet	auf das Konzert
Vielen Dank	über die Matthäuspassion

5
● **Kombination**

Er träumt	über das Theaterstück
Ich bin gespannt	um eine Komödie
Wir diskutieren	den Missionar
Der Tiger frißt	auf die Premiere
Es handelt sich	aus neun Szenen
Das Stück besteht	von der Schauspielerin Körner

6
● **Kombination**

Sie reden	auf das Ergebnis der Gespräche
Wir kämpfen	über die Löhne
Wir fordern	nach Zwetschgenschnaps
Es handelt sich	vor deinem Chef?
Wir warten	um eine Lohnerhöhung von 6%
Du riechst	höhere Löhne
Hast du Angst	für mehr Urlaub

7
● **Studie**

a Es handelt sich nicht nur _____um_____ eine Lohnerhöhung, sondern auch _____um_____ einen Ausgleich für Schichtarbeit.

b Die Gewerkschaft ist nicht einverstanden _____mit_____ dem Angebot der Arbeitgeber.

c Sie protestiert _____gegen_____ die Ungerechtigkeit gegenüber den Schichtarbeitern.

d _____Über_____ die Lohnerhöhung wird noch diskutiert.

e Man hofft _____auf_____ eine 7 %ige Erhöhung.

f Ob der Streik nächste Woche fortgesetzt wird, hängt _____von_____ den morgigen Gesprächen ab.

8
● **Studie**

a _____Mit_____ dem Vorschlag der Arbeitgeber ist die Gewerkschaft nicht einverstanden.

b _____Über_____ ein verbessertes Angebot wird noch diskutiert.

c Es handelt sich _____um_____ die Forderung „Mehr Freizeit für Schichtarbeit".

d Die Gewerkschaft denkt _____an_____ eine Stillegung des ganzen Postbetriebs.

e Eine Beendigung des Streiks hängt _____von_____ dem Ergebnis der Verhandlungen ab.

f Rund 2,5 Millionen Briefsendungen liegen auf den Postämtern und warten _____auf_____ Bearbeitung.

g _____Für_____ pünktliche Erledigung der Arbeit wollen nun Beamte sorgen, die anstelle der Streikenden arbeiten.

h _____Gegen_____ diese Aktion hat die Postgewerkschaft scharf protestiert.

i Die Gewerkschaft will _____gegen_____ die Streikbrecher mit allen Mitteln kämpfen.

k   Die Arbeiter im Offenbacher Postamt ärgerten sich _über_ die Streikbrecher so, daß sie das Postamt abschlossen und so die Beamten an der Arbeit hinderten.

l   Polizisten in Hamburg, die die Beamten schützen sollten, solidarisierten sich mit den Streikenden. Sie marschierten mit ihnen vor eins der größten Hamburger Postämter und demonstrierten _für_ „Solidarität mit der Postgewerkschaft".

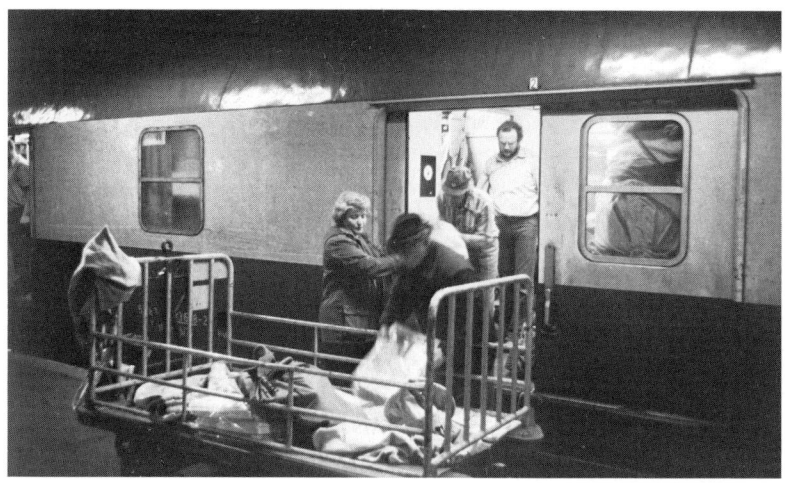

**9
Studie**

Die Gewerkschaftsspitze stimmte ab; 92% der Postler entschieden sich

_____ den Streik. Sie sind nicht länger einverstanden _____

den Erklärungen und Entschuldigungen aus dem Bundespostmini-

sterium. Sie kämpfen _____ mehr Freizeit: _____ einen

5 Ausgleich für den „Dienst zu ungünstigen Zeiten" (wie es auf Amtsdeutsch

heißt). Wir unterhielten uns _____ einer Mannschaft von zwölf

Postlern, die im Nachtzug D 473 Hamburg-Basel von 22 bis 5 Uhr arbeiten:

Postsäcke öffnen und leeren, den Inhalt sortieren, die sortierte Post in neue

Säcke füllen, die Säcke zubinden und an Ort und Stelle schleppen – dies

10 alles in einem viel zu engen Raum (26 m lang und 3,5 m breit ist der

Postwagen). „Hier geht man k. o.," sagt Wolfgang, „und dann dieser Staub.

Hier kriegt man keine Luft und hat immer Durst," und er holt sich eine

Flasche Sprudel aus dem Gepäcknetz. Wolfgang ist 31, verheiratet, hat

einen fünfjährigen Sohn. Er hat also _____ drei Personen zu sorgen

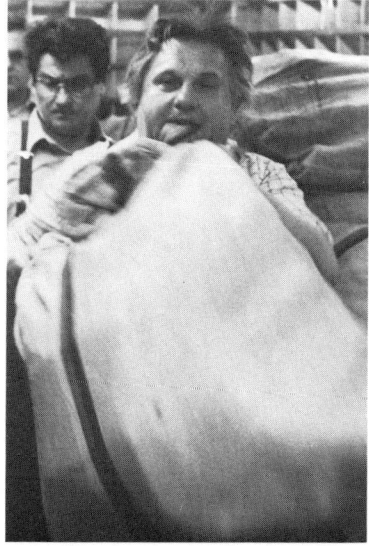

und hat, bei einem Nettoeinkommen von 1600,— DM, die Nachtzulage 15
bitter nötig. Wolfgang erinnert sich _____ sein erstes Dienstjahr:
„Meine Frau weinte, wenn ich sie abends verließ." Heute weint sie nicht
mehr, sie hat sich an das Alleinsein gewöhnt.

Seit Jahren macht die Post Gewinne in Milliardenhöhe. Während die
Finanzen der Post gesund sind, werden die Postler krank, 50% der 20
Beschäftigten gehen vorzeitig in Rente, weil sie fertig, krank, kaputt sind.

Wolfgang will in zehn Jahren _____ der Nachtarbeit aufhören.

Er träumt _____ einem kleinen Postamt auf dem Dorf.

10
Textarbeit

a Woher stammt der Text?

☐ Aus einem Roman
☐ Aus einer Illustrierten
☐ Aus einem wissenschaftlichen Buch

Können Sie Ihre Antwort begründen?

b Beschreiben Sie anhand der Fotos und des Textes die Arbeiten der
Postler im Nachtzug genau. Benützen Sie dazu bitte das Passiv Präsens.

c Welche Faktoren machen die Nachtarbeit der Postler besonders proble-
matisch?

d Beschreiben Sie den Weg eines Briefes vom Absender bis zum Empfän-
ger (bitte im Passiv).

● 11
Hören und verstehen

Sie hören ein Interview mit einem Postbeamten. Sie hören das Interview
zweimal. Beim erstenmal beantworten Sie bitte diese drei Fragen:

1 Ist der Beamte G. heute mit seinem Lohn zufrieden?

2 Möchte er lieber in einen anderen Beruf überwechseln?

3 Hat er Hobbys?

Sie hören jetzt das Interview noch einmal. Beantworten Sie nun die
folgenden Fragen:

4 Ein Briefträger arbeitet etwa von   bis   Uhr.

5 An wie vielen Tagen der Woche bringt der Briefträger die Post?

6 Wie hat die Frau von Herrn G. reagiert?

7 Herr G. ist mit seiner Wohnung zufrieden. Was sagen Sie dazu?

8 Wie stellt sich Herr G. seinen Lebensabend vor?

TARIFPARTNER

BDA

488 einzelne
Arbeitgeber-
organisationen

Tarifkonflikt → Tarifvertrag

18 einzelne
Gewerkschaften

DGB

nicht im DGB
z. B.
Deutscher
Beamtenbund
Deutsche
Angestelltengewerkschaft
Christlicher
Gewerkschaftsbund
} verhandeln
separat mit den
Arbeitgebern

Das Grundgesetz der Bundesrepublik gibt den Arbeitnehmern und den Arbeitgebern das Recht, Vereinigungen zu bilden (Artikel 9). Das sind die Gewerkschaften und die Arbeitgeberorganisatio-
5 nen, die einander als gleichberechtigte Sozialpartner gegenüberstehen.
In Tarifverhandlungen regeln die Tarifgegner die Bedingungen des Arbeitslebens (vor allem Lohn und Freizeit) autonom: in eigener freier Verantwor-
10 tung. Die Tarifautonomie kann auch vom Staat nicht verletzt werden.
Wenn eine Einigung durch Verhandlungen nicht möglich ist, versucht eine repräsentative Persönlichkeit des öffentlichen Lebens den Streit zu
15 schlichten. Wenn auch die Schlichtung scheitert, kommt es zur Abstimmung über den Streik. Wenn 75% der Gewerkschaftsmitglieder eines Tarifbezirks (z. B. Hamburg) für den Streik stimmen, wird diese Region bestreikt. Zu einem bundesweiten
20 Streik kommt es also fast nie. Die Gewerkschafts-

mitglieder erhalten von ihrer Gewerkschaft „Streikgeld" anstelle des Lohns.
Wenn die Arbeitgeber als Antwort auf den Streik die Firma zeitweise schließen („Aussperrung"), können auch jene Arbeiter nicht mehr arbeiten, die 25
am Streik nicht teilnehmen. Da sie in keiner Gewerkschaft organisiert sind, trifft sie der Lohnausfall besonders schwer.
Die größte Arbeitnehmerorganisation ist mit sieben Millionen Mitgliedern der Deutsche Gewerk- 30
schaftsbund (DGB). Zu ihm gehören 18 einzelne Gewerkschaften, z. B. „Druck und Papier", „Metall", „Bau Steine Erden". Der DGB ist weder parteipolitisch noch konfessionell gebunden. Neben dem DGB gibt es weitere Arbeitnehmerorga- 35
nisationen, z. B. „Deutscher Beamtenbund", „Deutsche Angestelltengewerkschaft".
Die Bundesvereinigung Deutscher Arbeitgeberverbände (BDA) besteht aus 488 einzelnen Arbeitgeberorganisationen.

12
Ihre Rolle, bitte

An den beiden folgenden Übungen kann die ganze Klasse teilnehmen.

a Teilen Sie die Klasse in (1) Kunden und (2) Beschäftigte bei der Post/Bahn/beim Zoll. Spielen Sie Bummelstreik („Dienst nach Vorschrift"), das heißt: langsame und bürokratisch genaue Erledigung der Arbeit exakt nach den Paragraphen.

b Planen Sie eine Demonstration für ein aktuelles Ziel. Entwerfen Sie Plakate, üben Sie Sprechchöre ein!

13
Lesetext

Streiks sind in der Bundesrepublik weniger häufig als in den westeuropäischen Nachbarländern. Ursachen[1]:

(1) bessere Zusammenarbeit der Gewerkschaften untereinander,

(2) schlechtere Zusammenarbeit der Unternehmer,

(3) hoher Lebensstandard, menschenwürdige Arbeitsbedingungen, angemessene Löhne,

(4) Erledigung der schmutzigen, schweren und niedrig bezahlten Arbeit durch Gastarbeiter.
    Zu Punkt (3) ist zu beachten, daß diese Bedingungen nur durch Streiks oder Streikdrohungen erkämpft worden sind.

[1] nach Klaus von Beyme und Franz Neumann

14
Textarbeit

a Wenn wir annehmen, daß die Analyse, die unser Lesetext bietet, stimmt, dann wirft sie ein Licht auf spezifisch deutsche Eigenschaften.
Welche Eigenschaften können Sie da entdecken? Versuchen Sie das (vielleicht in kleinen Gruppen) herauszufinden.

b Vergleichen Sie mit den Verhältnissen in Ihrem Land. Machen Sie sich Stichworte und berichten Sie.

c Unser Lesetext ist nur in Stichworten geschrieben. Bitte formulieren Sie ihn sorgfältig in vollständigen Sätzen.

15
Studie

a Ich bitte ___um___ Entschuldigung! Wie lang haben Sie ___auf___ mich gewartet?

b Veronika macht so ein unglückliches Gesicht, können Sie sich nicht mal ___um___ sie kümmern?

c Ich habe mich ___um___ die Stelle beworben, obwohl ich etwas Angst ___vor___ der Verantwortung habe.

d Es hängt nur ___von___ dir ab, Barbara, ob du dich ___für___ Dietrich ___gegen___ Heinrich entscheidest.

e Danke ___für___ Ihre freundliche Aufmerksamkeit. Wir beginnen nun ___mit___ der Diskussion.

f Bitte kommen Sie morgen abend ___zu___ uns, wir freuen uns sehr ___auf___ Sie.

g ___Vor___ dem kleinen Hündchen brauchen Sie nicht zu erschrecken. Es ist ___aus___ Wolle.

h Denk doch nicht immer nur ___an___ deine Arbeit! Bleib doch heute nacht ___bei___ mir!

i Guten Abend, Friedrich! Hast du dich gut ___mit___ Anna unterhalten? Du duftest genau ___nach___ dem gleichen Parfüm wie sie.

k Da steht ihr und unterhaltet euch stundenlang ___über___ die Frauen. Hört doch endlich mal auf ___mit___ eurem ewigen Klatsch!

16
Spiel

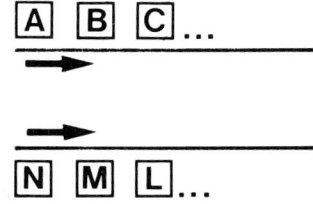

Klatsch. Teilnehmer A bekommt einen Satz, z. B. „Der Nachbar hat vorgestern seine neue Honda kaputtgefahren" oder „Der Professor hat letzte Nacht mindestens einhalb Flaschen Schnaps getrunken." Teilnehmer A verändert in dem Satz ein Wort und gibt den veränderten Satz an B weiter. B verändert wieder ein Wort usw. Zugleich bekommt N einen Satz, den er verändert an M weitergibt usw. Welche Sätze kommen am Ende heraus?

17
Spiel

Alibi. Zwei Personen sollen eine Straftat begangen haben, z. B. einen Diebstahl. Sie behaupten aber, ein Alibi zu haben. Zwei Teilnehmer spielen die Diebe, der Rest der Klasse fragt sie aus. Die beiden dürfen sich vor der Tür über ihr Alibi verständigen. Sie müssen drei Orte sagen, an denen sie waren. Die beiden werden **einzeln** hereingerufen und gefragt. Das Spiel ist aus, wenn zwei Widersprüche entdeckt wurden oder wenn zehn Minuten vorüber sind. (Die Antwort „Daran kann ich mich nicht erinnern" darf nur zweimal gebraucht werden.)

18 ⊙⊙
Bitte sprechen Sie

Paul ist anderer Meinung.
→ Dann müssen wir mit ihm reden.

Meine Schwester ist anderer Meinung.
Peter ist anderer Meinung.
Der Chef ist anderer Meinung.
Meine Kollegen sind anderer Meinung.
Herr Glöckner ist anderer Meinung.
Maria ist anderer Meinung.
Die Nachbarn sind anderer Meinung.
Fräulein Kreuz ist anderer Meinung.
Die Kinder sind anderer Meinung.

19
● **Suchen und finden**

Was halten Sie vom Fernsehen?
→ Ich bin gegen das Fernsehen.

Was halten Sie von der Demokratie?
→ Ich bin für die Demokratie.

Was halten Sie vom Jazz?
Was halten Sie vom Rauchen?
Was halten Sie vom Fußball?
Was halten Sie von der Regierung?
Was halten Sie vom Alkohol?
Was halten Sie vom Sport?
Was halten Sie vom Heroin?
Was halten Sie vom Kapitalismus?

20 ⊙⊙
● **Bitte sprechen Sie**

Uh! Die Polizei!
→ Ich habe keine Angst vor der Polizei.

Uh! Der Hund! | Diese Moskitos!
Uh! Der Direktor! | So ein großes Publikum!
Uh! Das Mikrofon! | Morgen ist die Prüfung.
Uh! Der Zahnarzt! | Achtung! Drei Elefanten!
Uh! Die Lehrerin! |

21 ⊙⊙
● **Bitte sprechen Sie**

Siehst du die Dame?
→ Ist das die Dame, von der du erzählt hast?

Siehst du den Professor?
Siehst du die Schauspielerin?
Siehst du den Kunden?
Siehst du die beiden?
Siehst du das Mädchen?
Siehst du den Mann mit Bart?
Siehst du die Kinder?
Siehst du die Blondine?
Siehst du das Baby?

5

22

● Bitte sprechen Sie

Ich denke immer an ihn.
→ An wen denken Sie?

Ich träume von ihr.
→ Von wem träumen Sie?

Ich interessiere mich für ihn.
Ich kenne ihn genau. *Wen kennen Sie*
Ich warte auf ihn. *Auf wen*
Ich unterhalte mich oft mit ihr. *Mit wem*
Ich muß immer lachen über ihn. *Über wen*
Ich liebe ihn. *Wen*
Ich rufe ihn jetzt an. *Wen rufen Sie an*
Ich bin einverstanden mit ihr. *Mit wem*

23

● Schütteltopf

junge Spanierin
Weihnachten   Wildschwein
Kultusminister   Zwiebeln
Ergebnis der Wahl

Ich bin gespannt
Die Studenten demonstrieren
Wir kochen
Der Pfarrer heiratet
Der kleine Andi freut sich
Die Suppe schmeckt
Wer hat Angst

Verbinden Sie immer einen Satzteil vom Topf mit einem Satzteil vom Löffel. Ergänzen Sie, wenn nötig, die Präpositionen.

24

● Schütteltopf

Altphilologie   Louis
Sekretärin
Leninismus   allein
Züricher Zeitung

Regina träumt
Er ärgert sich pausenlos
Ich studiere
Der Präsident tanzte
Die Tanten diskutieren
Magdalena arbeitet
Sie hat Schluß gemacht

Verbinden Sie immer einen Satzteil vom Topf mit einem Satzteil vom Löffel. Ergänzen Sie, wenn nötig, die Präpositionen.

25

● **Suchen und finden**

Über wen sprechen Sie?
→ Wir sprechen über den Lehrer.

Auf wen warten Sie?
→ Wir warten auf den Arzt.

Wen suchen Sie?
Über wen lachen Sie?
Über wen reden Sie?
Wen wollen Sie treffen?
Über wen unterhalten Sie sich?
Zu wem gehen Sie? *zum Zahnarzt*

26

● **Suchen und finden**

Hast du angerufen?
→ Den Arzt? Nein.

Sind Sie einverstanden?
Möchten Sie warten?
Haben Sie gefragt?
Kommst du?
Fürchten Sie sich?
Haben Sie protestiert?
Freust du dich?

27

● **Darstellung**

Überlegen Sie sich (am besten in kleinen Gruppen),
woraus die folgenden Dinge bestehen. Suchen Sie die
nötigen Wörter heraus und sagen Sie dann – mündlich
oder schriftlich – woraus diese Dinge bestehen:

a Salz *besteht aus Natrium und Chlor.*
b Wasser   h ein Baum
c Tee   i eine Stadt
d Brot   k ein Hotel
e ein Fenster
f ein Zimmer
g ein Haus

28
Studie

a Darf ich Sie _____ ein Gespräch bitten?

b Interessieren Sie sich _____ Astronomie?

c Sind Sie _____ dem Ptolemäischen System
einverstanden?

d Können wir _____ der Besichtigung der
Jupitermonde beginnen?

e „Die Erde steht still" – sind Sie _____ oder
_____ diese Ansicht?

f Sind Sie bereit, _____ die Wahrheit zu kämpfen?

g Schauen Sie durch das Fernrohr! Ich bitte Sie
_____ diesen kleinen Gefallen!

h Ich danke Ihnen _____ das Gespräch.

Galileo Galilei. Bleistiftzeichnung 1624 von Ottavio Leoni

29
Lesetext

A Grüß Gott! – Ah, Sie kommen von der Vogelhand-
lung?

B Sind Sie zu Haus?

A Ich wart schon so lange auf Sie, ich hab schon
5 geglaubt, Sie kommen nicht mehr.

B Da ist der Kanarienvogel mit Käfig, und da ist die
Rechnung.

A Das ist recht. Wo ist denn der Hansi? Der Käfig ist ja
leer. Wo ist denn der Vogel?

10 B Der muß drin sein!

A Was heißt „muß drin sein"? Es ist aber keiner drin.

B Das ist ja ausgeschlossen. Ich bring Ihnen doch
keinen leeren Käfig!

A Ja, bitte, schauen Sie doch selber rein!

15 B Da brauch ich nicht reinschauen, wir haben ein
reelles Geschäft, unsere Kundschaften werden richtig bedient, da fehlt nichts.

A Was heißt, da fehlt nichts? Natürlich fehlt was – der
Vogel fehlt.

20 B Da müßte er beim Transport rausgeflogen sein,
vielleicht war die Tür offen.

A Die Tür kann nicht offen gewesen sein, die ist ja zu.

B Die ist zu?

A Natürlich!

25 B Dann muß er drin sein!

A Er ist aber nicht drin.

B Das ist unmöglich. Durch eine geschlossene Tür
kann kein Vogel raus.

A Aber in dem Fall muß er doch rausgekommen sein,
30 sonst wär er ja drin!

B Drin muß er sein, da gibt es keinen Zweifel! Schauen
Sie mal auf der Rechnung!

A Ja, auf der Rechnung steht freilich: Ein Käfig mit
Vogel dreizehn Mark.

35 B Sehn Sie! Glauben Sie, wir würden Ihnen eine
Rechnung schreiben „Käfig mit Vogel dreizehn
Mark" und würden Ihnen statt Käfig mit Vogel nur
einen Käfig allein liefern? Der Käfig allein nützt Ihnen
nichts, und der Vogel allein nützt Ihnen auch nichts!
40 Das gehört zusammen wie die Suppe ohne Salz. Ja,
ich muß die Rechnung einkassieren. Dreizehn Mark
macht alles zusammen.

A Was heißt da, alles zusammen?

B Ja, der Käfig und der Vogel.

A Vogel war doch keiner drin, ich bezahle doch nicht, 45
was ich nicht vollständig bekommen habe.

B Ja, dann nehme ich die ganze Ware wieder mit.

A Die ganze Ware! Sie können ja nur den Käfig
mitnehmen, Vogel war ja keiner drin.

B Einen Vogel allein liefern wir nie, nur immer zusam- 50
men: Käfig mit Vogel.

A Mir haben Sie den Käfig allein geliefert, ohne Vogel.

B Aber auf der Rechnung steht: Käfig mit Vogel.

A Ich muß mir doch nicht Ihr saudummes Geschwätz
anhören! (Sie schlägt die Tür zu.) 55

B Jetzt hat sie mir die Tür zugeschlagen. Ich kanns der
Frau auch nicht übelnehmen, denn es ist wirklich
kein Vogel drin. Aber auf der Rechnung steht: Käfig
mit Vogel.

KARL VALENTIN

*Sicher is, daß nix sicher is, drum bin i vorsichtshalber
mißtrauisch.*

KARL VALENTIN

30
Lesetext

Die Professoren der Universität: Nein, nein, es ist alles in
schönster Ordnung. Die Medizinische Fakultät erklärt
es für ausgeschlossen, daß es sich bei den Erkrankungen in der Altstadt um Pestfälle handeln könnte.
Ausgeschlossen. Alles in schönster Ordnung. (Be- 5
grüßung.)

Galilei: Ich bin glücklich, die Herren der Universität mit
den Neuerungen bekannt machen zu dürfen. Wie Sie
wissen, sind wir Astronomen seit einiger Zeit mit
unseren Berechnungen in große Schwierigkeiten 10
gekommen. Wir benützen dafür ein sehr altes System,
das sich in Übereinstimmung mit der Philosophie,
aber leider nicht mit den Fakten zu befinden scheint.
Wir finden die Sterne nicht an den Orten, wo sie
eigentlich sein müßten. . . Ist es den Herren ange- 15
nehm, mit einer Besichtigung der Jupitertrabanten zu
beginnen?

Hans Dieter Zeidler als Galilei. Frankfurt am Main 1961

Fakultäten sämtlichen Fakten gegenüber die Augen schließen zu sehen und so zu tun, als sei nichts geschehen. Ich zeige meine Notierungen, und man 45 lächelt, ich stelle mein Fernrohr zur Verfügung, daß man sich überzeugen kann, und man zitiert Aristoteles. Der Mann hatte kein Fernrohr!

Der Mathematiker: Allerdings nicht, allerdings nicht.

Der Philosoph: Wenn hier Aristoteles in den Kot gezo- 50 gen werden soll, eine Autorität, welche nicht nur die gesamte Wissenschaft der Antike, sondern auch die Hohen Kirchenväter selber anerkannten, so scheint jedenfalls mir eine Fortsetzung der Diskussion überflüssig. Unsachliche Diskussion lehne ich ab. Basta. 55 (Die Herren verlassen Galilei's Haus.)

Galilei (hinterherlaufend): Aber die Herren brauchen wirklich nur durch das Instrument zu schauen!

BERTOLT BRECHT

Andrea (auf den Hocker vor dem Fernrohr zeigend): Bitte, sich hier zu setzen.

20 Der Philosoph: Danke, mein Kind. Ich fürchte, das alles ist nicht ganz so einfach. Herr Galilei, bevor wir Ihr berühmtes Rohr nehmen, möchten wir um das Vergnügen eines Disputs bitten. Thema: Können solche Planeten existieren?

25 Galilei: Ich dachte mir, Sie schauen einfach durch das Fernrohr und überzeugen sich?

Andrea: Hier, bitte.

Der Mathematiker: Gewiß, gewiß. – Es ist Ihnen natürlich bekannt, daß nach der Ansicht der Alten Sterne

30 nicht möglich sind, die um einen anderen Mittelpunkt als die Erde kreisen, noch solche Sterne, die im Himmel keine Stütze haben?

Galilei: Ja.

Der Philosoph: Und, ganz absehend von der Möglich-

35 keit solcher Sterne, die der Mathematiker – (er verbeugt sich gegen den Mathematiker) – zu bezweifeln scheint, möchte ich in aller Bescheidenheit als Philosoph die Frage aufwerfen: sind solche Sterne nötig? Aristotelis divini universum . . .

40 Galilei: Wie, wenn Sie die sowohl unmöglichen als auch unnötigen Sterne nun durch dieses Fernrohr wahrnehmen würden? Ich bin es gewohnt, die Herren aller

31
Textarbeit

a Warum wurden die beiden Texte (29 und 30) hier nebeneinander gestellt?

b Text 29 übt Kritik an
Text 30 übt Kritik an
Gibt es noch weitere Unterschiede zwischen den beiden Texten?

Zu Text 30:

c Bitte formulieren Sie kurz die Standpunkte der Gesprächspartner.

d Bitte formulieren Sie die Diskussionsmethoden der Gesprächspartner.

e Die verschiedenen Diskussionsmethoden charakterisieren die verschiedenen Zeitalter.

f Im Jahr 1611 wurde in Venedig eine Schrift gedruckt, in der es heißt: „Die Satelliten des Jupiter sind für das bloße Auge unsichtbar. Darum können sie auf die Erde keinen Einfluß ausüben. Also sind sie sinnlos, und darum gibt es sie nicht."[1] Vergleichen Sie damit den Brecht-Text!

[1] William Bixby: Galilei und Newton (1966), S. 62

1

2

3

4

32 👓

**Bildgeschichte D:
BRECHT**

5

6

7

8

Bitte ergänzen Sie die Präpositionen

1 In diesem Haus in Augsburg ist Bertolt Brecht geboren.

2 Wer den Spuren seines Lebens nachgehen will, muß rund _____ den Erdball reisen. _____ Hitlers Polizei floh Brecht _____ Prag, Wien, Zürich, Paris _____ Skandinavien. Rechts auf unserem Bild sein Haus in Südfinnland.

3 _____ Hitlers Truppen floh Brecht _____ seiner Familie weiter über Moskau und Wladiwostok _____ Kalifornien. Das ist sein Haus in Santa Monica.

4 Rückkehr nach Europa. Als Brechts Einreiseantrag nach Westdeutschland abgelehnt wurde, entschied er sich _____ Ostberlin. Unser Bild zeigt das Theater, das Brecht acht Jahre lang leitete.

5 Bertolt Brecht _____ schwedischen Exil.

6 Drei Brecht-Szenen. Beginnen wir _____ dem Stück „Galilei". Rechts Galilei; links der Philosoph, der sich nicht _____ die Realität interessiert.

7 Brechts Stück „Mutter Courage" erzählt _____ Dreißigjährigen Krieg. Das Thema ist selbstverständlich der Protest _____ den Krieg.

8 „Puntila" ist ein reicher Mann, der nur sympathisch ist, wenn er betrunken ist. Raten Sie, in welchem Zustand er sich hier befindet?

33
Schreibschule

Bitte schreiben Sie Brechts Lebenslauf nieder. Hier sind die Stichworte:

* 1898 in Augsburg. Kindheit dort. 1914 erste Gedichte. Studium der Naturwissenschaften und der Medizin in München. 1918 kurzer Kriegsdienst in einem Lazarett in Augsburg. Fortsetzung des Studiums. 1922 Dramaturg an den Kammerspielen in München. 1924 Berlin. 1924–1926 Dramaturg am Deutschen Theater (Intendant: Max Reinhardt). 1933 Emigration *(siehe Bildgeschichte!)*. Mai 1933 öffentliche Verbrennung der Bücher Brechts durch die Nationalsozialisten. 1940 Schweden, Finnland. 1941 Kalifornien. 1948 Einreisegenehmigung nach Westdeutschland abgelehnt. Mit tschechischem Paß nach Ostberlin. 1949 Gründung des „Berliner Ensembles". † 1956 in Berlin.

Wichtigste Werke: Hauspostille 1927. Die Dreigroschenoper 1928. Leben des Galilei 1938/39. Der gute Mensch von Sezuan 1939/40. Mutter Courage und ihre Kinder 1939. Herr Puntila und sein Knecht Matti 1940/41. Flüchtlingsgespräche 1940. Der kaukasische Kreidekreis 1944/45

1

2

1 Brecht in Valentins Kapelle. München 1920. Von links: Bertolt Brecht, Karl Valentin und Valentins Bühnenpartnerin Lisl Karlstadt. Valentin mit seiner „ganz trockenen, innerlichen Komik" (B.) war einer der maßgebenden Lehrmeister Brechts.

2, 3, 4 Drei bisher unveröffentlichte Fotos: Brecht im schwedischen Exil 1939. In den Jahren 1938 bis 1940 entstanden die drei wichtigsten Stücke Brechts: *Leben des Galilei, Mutter Courage und ihre Kinder, Der gute Mensch von Sezuan.*

5 Brecht mit dem italienischen Regisseur Giorgio Strehler. Mailand 1956. Brecht schätzte Strehler außerordentlich hoch und nannte ihn einmal den „vermutlich besten Regisseur Europas".

4

3

5

34
Lesetext

ZIFFEL

Ich erkenne die ungeheuren Vorteile der Schlamperei. Die Schlamperei hat schon Tausenden von Menschen das Leben gerettet.

KALLE

Das ist wahr. Mein Onkel war in die Argonnen. Sie sind in einem Graben gelegen und haben durchs Telefon den Befehl erhalten, sie sollen zurückgehn und sofort. Aber sie haben nicht aufs Wort gehorcht und haben erst noch die Kartoffeln aufessen wollen, dies gebraten haben, und so sinds in Gefangenschaft geraten und waren gerettet.

ZIFFEL

Oder nehmen Sie einen Flieger. Er ist müd und liest die Meßinstrumente ungenau ab. Seine Bombenlast fällt neben ein großes Wohnhaus, statt drauf. Ein halbes Hundert Menschen sind gerettet.

BRECHT: FLÜCHTLINGSGESPRÄCHE

35
Unterhaltung

Nehmen Sie zu diesem Text Stellung! Sammeln Sie (in kleinen Gruppen?) Vorteile und Nachteile von Ordnung und Schlamperei:

Ordnung		Schlamperei	
Vorteile	Nachteile	Vorteile	Nachteile

36
Lesetext

Was über Bertolt Brecht erzählt wird

I

B. war ein guter Schüler. In seinen Aufsätzen kamen viele Goethe-Zitate vor – als Argumente für B's Ansichten. Die Zitate erfand er selber.
Kein Lehrer kritisierte ihn, weil keiner zeigen wollte, daß ihm ein Goethe-Wort unbekannt sei.

II

In A. liebte B. eine Frau und versprach ihr die Ehe. Als er später in die Nachbarstadt M. zog, lernte er eine andere Frau kennen und versprach ihr ebenfalls die Ehe. Die beiden Frauen erfuhren voneinander, trafen sich in einem Café in M. und unterhielten sich über ihre Lage. Sie holten ihn am Theater ab und verlangten von ihm, sich zu entscheiden: „Wen von uns willst du nun heiraten?" B. antwortete: „Beide."

III

Als Brechts Freund Johannes R. zum Kulturminister ernannt worden war, rief B., der ein Frühaufsteher war, am nächsten Morgen um acht Uhr im Ministerium an. Er sagte: „Ich möchte den Herrn Minister sprechen." Als er verbunden war, fragte er Johannes R.: „Sind Sie schon da?" „Natürlich", antwortete Johannes R. „Sehen Sie", sagte B. „Ich kann noch schlafen."

IV

B. wollte seine Mitarbeiterin Käthe R. besuchen. Ihre Wirtin empfing ihn mit den Worten:" Sind Sie der Mann, der zum Holzhacken kommt? Dann kommen Sie mal mit in den Hof."
Als Käthe R., die auf B. wartete, nach einer Weile aus dem Fenster schaute, sah sie B. Er hackte auf dem Hofe Holz.

V

B. besuchte die Schauspielerin Katrin R. Er brachte einen Strauß Nelken mit und überreichte ihn der Schauspielerin mit den Worten: „Ich habe sie selbst für Sie geschnitten. Die Rosen sind leider noch nicht soweit."
Als B. ging, sah ihm die Schauspielerin aus dem Fenster nach und bemerkte plötzlich, daß draußen Schnee lag. Am Abend vorher hatte seine Frau Premiere gehabt.

37
Das richtige Wort

Wie heißt das Gegenteil?

glücklich, schmutzig, freundlich, gleich, kaputt, pünktlich, kinderlos, einseitig

38
Das richtige Wort

Wie heißt der Artikel?
Von welchen Verben kommen diese Nomen? Bitte bilden Sie Sätze mit den Verben:

Rat, Unterschrift, Dank, Gedanke, Erinnerung, Freude, Erwartung, Kampf, Protest, Diskussion, Unterhaltung, Kuß, Rede, Ärger, Wettbewerb, Handel, Flucht, Duft, Kenntnis, Ruf, Bewerbung, Traum, Spannung, Entscheidung

39
Rätsel

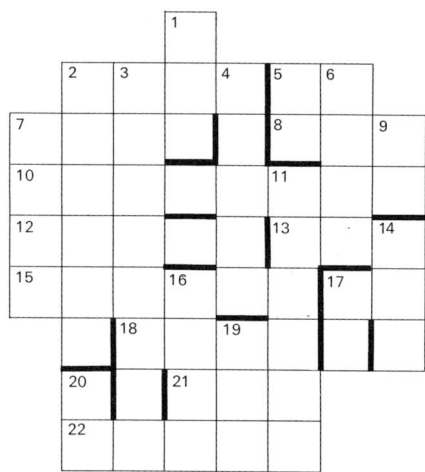

waagrecht:

2 nicht weich

5 Frankfurt ———————— Main

7 Heute ———————— es Spaghetti

8 Esslingen ———————— Stuttgart

10 beginnen

12 Gegenteil von Landung

13 gar nicht reich

15 Tasse, Untertasse und _____

17 Frühstück mit oder ohne _____ ?

18 Keiner kann leben ohne _____

21 Konstanz am Boden _____

22 nicht oben

senkrecht:

1 Stadt, Dorf

2 nicht vorn

3 Bald kommt der Herbst, und die Blätter werden von

den Bäumen _____

4 Onkel und _____

5 Um 20 Uhr fährt der Zug in Lüneburg _____

6 Sizilien, eine Insel im Mittel_____

7 Ich lade dich ein, du bist mein _____

9 Linz liegt _____ Österreich

11 Rosen frisch aus unserem _____

14 Zimmer _____ Bad

16 Ich mag nicht, ich habe keine _____

17 _____ regnet schon wieder

19 Zauberin (im Märchen)

20 ich und _____

Roman

TEIL 5

Erzählen Sie die Geschichte Teil 1–4 einem Kollegen, der sie nicht gelesen hat, in einer kurzen Zusammenfassung.

„Halt! Keine Bewegung!"
Das Kommando ertönt vom Eingang des Ladens her. Der Fotohändler taumelt von seinem Stuhl hoch und streckt die Arme weit in die Luft, mehrere Polizisten
5 bevölkern den Laden. Nur schwer macht ihnen der Fotograf klar, daß er der Inhaber des Fotogeschäfts ist. Die Situation entspannt sich damit ein wenig. Die Polizisten suchen nach einem Mann, der nach Aussage einer Dame einem Einbrecher sehr ähnlich sein soll, von
10 dem sie in ihrer Wohnung überrascht worden war. Sie will diesen Mann vor dem Fotogeschäft erkannt haben. Nun, wir ahnen schon, es handelt sich um eine alte Bekannte: Frau Platzke setzte sich auf dem Weg vom Markt nach Hause in ein kleines Straßencafé direkt
15 neben dem Fotogeschäft, um dort – wie immer, wenn

sich die Gelegenheit bot – ihren Kaffee und das eine oder andere Stück Kuchen zu genießen.
Der Fotograf berichtet dem Herrn „Kommissar", der sich gerne so nennen läßt, haargenau, was er mit dem Käufer einer mehrere tausend Mark teuren Kamera erlebt hat. 20
Ganz zuletzt, als Gag berichtet er von den geheimnisvollen unerklärlichen weißen Schatten auf jedem Bild eines Filmstreifens. Der Film wird sichergestellt.
Die Spurensicherungsgruppe trifft ein und sucht nach Fingerabdrücken. Natürlich vergeblich, denn der Laden 25
ist gut besucht, das heißt, mögliche Fingerabdrücke werden sich nicht verfolgen lassen. Auch die Beschreibung des Kunden, die der Ladeninhaber versucht, bringt keine besonderen Hinweise – mittelgroß, mitteldick, mittelgrau. Alle Hoffnung richtet sich nun auf das 30
Polizeilabor.

Setzen Sie die Geschichte fort!

Phonetisches Zwischenspiel

1
Elemente

Wir schreiben z, tz oder ts
Wir sprechen das wie $\boxed{t+s}$

2
Bitte sprechen Sie

zahlen, Zeit, zaubern
Witz, Hitze, schwitzen
nichts, rechts

3 ☉☉
Bitte hören Sie

a) Zeit → seit → Zeit
   Zahl   Saal   Zahl
   Zauber sauber Zauber

b) Weizen → weisen → Weizen
   Heizer   heiser   Heizer
   reizen   reizen   reizen

c) Katze → Kasse → Katze
   heizen   heißen heizen
   reizen   reißen reizen

d) Weizen → weisen → weißen → Weizen
   reizen   reisen   reißen   reizen
   wetzen   Wesen   wessen   wetzen

4
Bitte sprechen Sie

a) Zeit → seit → Zeit
   Zoo   so   Zoo
   Ziel   Siel   Ziel
   zieh   sieh   zieh

b) sehen → Zehen → sehen
   Sack   zack   Sack
   Saal   Zahl   Saal

c) Wesen → wetzen → Wesen
   reizen   reisen   reizen

---

d) Katze   → Kasse   → Katze
   Hessen   hetzen   Hessen
   wessen   wetzen   wessen

5 ☉☉
Welches Wort hören Sie?

☐ Zoo
☐ so

☐ Zahl
☐ Saal

☐ seit
☐ Zeit

☐ Katze
☐ Kasse

☐ reisen
☐ reizen

☐ zieh
☐ sie

☐ zünden
☐ Sünden

☐ Tasse
☐ Tatze

6
Bitte sprechen Sie

Verzeihung, fährt der Zug nach Zürich?
der Platz rechts von mir blieb frei
kurz vor dem Ziel
ein Blitz durchzuckte die Finsternis
das Zentrum von Würzburg

Wissenschaftszentrum
Sonntagszeitung
Zahnarzt
zweiundzwanzig Zwiebeln
Zwetschgenschnaps

Phonetisches Zwischenspiel

7
Erinnern Sie sich?

Wir schreiben ch, aber wir sprechen zwei ganz verschiedene Laute, das „vordere ch" oder das „hintere ch".

a) Das vordere ch
ist ein geflüstertes j. Flüstern Sie „j-j-ja", machen Sie dabei das geflüsterte j recht lang und geben Sie viel Luft.
Das vordere ch sprechen wir nach i, e, ä, ö, ü,
ei, eu, l, m, n, r:

mich, sprich
echt, Bäche
möchten, höchstens
Früchte, Bücher
reich, euch
Milch, Lämmchen
München, durch
– und in der Endung -ig: neugierig

b) Das hintere ch
ist wie ein ganz langsam aus seinem Verschluß gelöstes k. Das hintere ch sprechen wir
nach a, o, u, au:
lachen, nach
Loch, kochen
Spruch, Kuchen
Strauch, rauchen

8
Bitte sprechen Sie

a)

Gicht	→ Gischt	→ Gicht
mich	misch	mich
selig	seelisch	selig

Teich	→ Teig	→ Teich
kriecht	kriegt	kriecht
weich	weiß	weich
Becher	besser	Becher

non besher

b)

taucht	→ taugt	→ taucht
Nacht	nackt	Nacht
pochen	Pocken	pochen

wachten	→ warten	→ wachten
Docht	dort	Docht
focht	fort	focht

c)

hinteres ch		vorderes ch
Loch	→	Löcher
Buch		Bücher
Bauch		Bäuche

9 ⊙⊙
Welches Wort hören Sie?

☐ Locher
☐ Löcher —

☐ reichen ⌐
☐ reißen

☐ pochen —
☐ Pocken

☐ mich ⌐
☐ misch

☐ Teig
☐ Teich —

10
Bitte sprechen Sie

das Buch taugt nichts
sie lag die ganze Nacht wach
er ist ein Reicher und pocht auf seine Rechte
der Wicht ist mir tatsächlich entwischt

ein falsches Lachen
die Asche raucht
es pocht und pocht, wer weckt uns in der Nacht?
suchst du nach dem Schlüsselloch?

Schachspiel
Kirchenlicht
Schloßdach
Hochzeitsnacht

Kapitel 6

Einstein

1

2

3

4

1 👀
● Bildgeschichte E

DIE ZEIT

5

6

7

8

6

1 Der Engel des Morgens, der Engel des Mittags, der Engel des Abends, der Engel der Mitternacht. Eine äthiopische Darstellung. Wer ist in der Mitte?

2 Wir erleben die Zeit, und wir messen sie. Wenn unser Auge nicht ausreicht, versuchen wir es mit Instrumenten. Wenn unsere Instrumente nicht ausreichen, versuchen wir es mit Hypothesen.

3 Was ist Zeit? Etwa 2000 Jahre alt ist die mechanische Vorstellung, die Zeit wäre wie eine Linie, die man messen könnte.

4 Daß die Zeit schnell vergeht und etwas Wertvolles ist, das haben zuerst die Kaufleute begriffen. „Zeit ist Geld," sagten sie. In italienischen Städten schlugen die ersten öffentlichen Uhren.

5 Aber was ist Zeit wirklich? Die Mayas und Azteken stellten sich vor, die Zeit wäre ein Kreis – das Rad der Zeit.

6 Man versteht die Idee leichter, wenn man die Bewegung der Sterne beobachtet. Dieses Foto wurde 90 Minuten belichtet.

7 Albert Einstein hat gezeigt, daß wir den Weltraum nicht richtig sehen, wenn wir nur drei Dimensionen sehen. Er schlug vor, die physikalische Wirklichkeit vierdimensional zu verstehen.

8 Der Maler Victor Vasarely hat versucht, Einsteins Hypothese im Bild darzustellen.

2
Variation der Bildgeschichte E

1 Die Engel der vier Tageszeiten, die Engel der vier Himmelsrichtungen. Eine äthiopische Darstellung. Sie unterscheidet nicht zwischen Raum und Zeit.

2 Die Lebenszeit eines bestimmten Mesons ist ein hundertmillionster Teil vom zehnmillionsten Teil vom zehnmillionsten Teil einer Sekunde.

3 Was ist Zeit? Aristoteles meinte, nur da ist Zeit, wo Bewegung ist. Er wollte die Zeit beweisen, meßbar und zählbar machen.

4 Daß die Zeit schnell vergeht und etwas Wertvolles ist, das haben zuerst die Kaufleute der Renaissance begriffen. Im 14. Jahrhundert schlugen in italienischen Städten die ersten öffentlichen Uhren. Hier sind wir in Venedig.

5 Eine ganz andere Vorstellung von der Zeit hatten die Mayas und Azteken. Sie dachten, die Zeit wäre ein Kreis. Im Kreis gibt es weder Anfang noch Ende, alles wiederholt sich. Das Rad der Zeit.

6 Dieses Foto wurde eineinhalb Stunden belichtet. Es zeigt über einem Teleskop die Sterne, wie sie um den Südpol kreisen.

7 Albert Einstein sagte: „Es scheint natürlich, sich die physikalische Wirklichkeit als ein vierdimensionales Sein vorzustellen."

8 Der Maler Victor Vasarely hat versucht, das Unvorstellbare darzustellen.

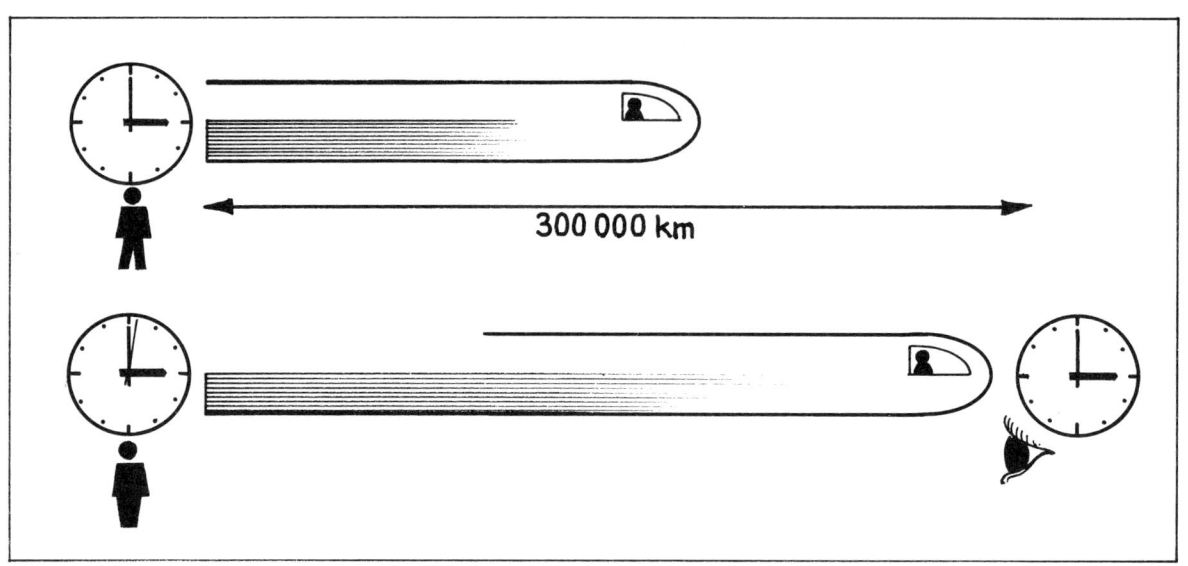

3

● **Lesetext**

Der junge Einstein stellte sich einmal die Frage: Wie würde die Welt aussehen, wenn ich auf einem Lichtstrahl reiten würde?

Machen wir mit Einstein diese Phantasiereise. Stellen wir uns vor, wir würden in Bern in die Straßenbahn einsteigen, in die Einstein täglich einstieg. Wir nehmen an, die Straßenbahn würde nicht ihren normalen Weg 5 fahren, sondern würde uns mit Lichtgeschwindigkeit (300 000 km/Sekunde) davontragen – zu einem Ziel, das 300 000 km entfernt wäre. Wir denken uns, daß die Uhr bei der Abfahrt genau 3 Uhr zeigen würde. Die Reise würde genau eine Sekunde dauern. Aber die Uhr – wenn wir sie aus 300 000 km Entfernung sehen könnten – würde immer noch 3 Uhr zeigen. Warum? Weil 10 der Lichtstrahl, der uns die Zeitangabe brächte, genau so lange zu dem entfernten Ort brauchen würde wie wir.

Solange wir mit Lichtgeschwindigkeit davonrasen würden, schiene der Lauf der Zeit für uns unterbrochen. Aber für jemand, der in Bern stehengeblieben wäre, würde dieselbe Uhr nun 3 Uhr und 1 Sekunde zeigen. 15

Mit andern Worten: Die Zeit läuft für uns und für den, der in Bern geblieben ist, verschieden. Es gibt also keine Universalzeit. Zwar sind die B e z i e h u n g e n zwischen Zeit, Entfernung, Geschwindigkeit, Masse und Kraft für uns in der Lichtgeschwindigkeitsstraßenbahn und für den in Bern dieselben. Aber a b s o l u t e W e r t e gibt es nicht. Der einzige Wert, der für 20 jeden derselbe bleibt, ist die Lichtgeschwindigkeit.

Für Einstein ist das, was zwei Beobachter sehen, relativ zu jedem einzelnen, zu ihrem Standort und zu ihrer Geschwindigkeit. Wir wissen nicht, was die Welt ist. Wir können nur vergleichen, wie sie für jeden von uns aussieht.

ISAAC ASIMOW

4 **Textarbeit**	a Der Nebensatz „wenn ich auf einem Lichtstrahl reiten würde" ist eine Hypothese. Finden Sie andere Hypothesen. Beginnen Sie mit „Wie würde die Welt aussehen, wenn . . ."

4
Textarbeit

a Der Nebensatz „wenn ich auf einem Lichtstrahl reiten würde" ist eine Hypothese. Finden Sie andere Hypothesen. Beginnen Sie mit „Wie würde die Welt aussehen, wenn . . ."

b Bitte finden Sie eine exakte Erklärung für die Wörter

die Phantasiereise   vorstellen
der Lichtstrahl   annehmen
die Entfernung   vergleichen
die Universalzeit   begreifen

c Bitte führen die die folgenden Sätze mit Ihren eigenen Worten zu Ende, ohne den Lesetext zu benutzen:

  Der kleine Albert fragte sich,
  Machen wir eine Phantasiereise. Stellen wir uns vor,
  Bei der Abfahrt würde die Uhr
  Unsere Reise würde genau
  Aber die Uhr – wenn wir sie
  Für einen, der in Bern geblieben ist, würde die Uhr

5
Textarbeit

Erzählen Sie den Gedanken Einsteins und das Beispiel Asimows so, wie Sie sie in Erinnerung haben.

6
Unterhaltung

Klar, man muß vorsichtig sein, eine physikalische Theorie auf das „praktische Leben" anzuwenden. Aber diese Theorie verführt natürlich sehr dazu. Bitte berichten Sie möglichst konkrete Beobachtungen, die nach Ihrer Meinung zu dem Inhalt dieses Lesetexts passen. Bereiten Sie sich individuell oder in kleinen Gruppen vor und sprechen Sie dann im Plenum.

> *Wenn die Ratte 20 Kilo mehr hätte – der Mensch wäre nicht länger Herr der Welt.*
>
> *
>
> *Das Individuum mit seinem fragilen, kurzen Dasein kann sein Leben nur als sinnvoll empfinden durch sein Wirken für die Gesellschaft.*
>
> *
>
> *Das tiefste und erhabenste Gefühl, dessen wir fähig sind, ist das Erlebnis des Mystischen. Aus ihm allein keimt wahre Wissenschaft.*
>
> *
>
> *Die menschliche Gesellschaft ist eine riesige Produktionsgemeinschaft, deren Mitglieder dauernd versuchen, einander die Früchte der gemeinsamen Arbeit wegzunehmen, unter Befolgung gesetzlich festgelegter Regeln.*
>
> *Alle diese Sätze stammen von*
> *ALBERT EINSTEIN*

7

● **Diskussion**

So ist es:

Ich bin nicht Einstein,

Ich bin jetzt hier und nicht in Bern,

Ich habe keine eigene Straßenbahn,

_____

_____

_____

_____

_____

_____

Aber ich nehme an:

aber ich nehme an, ich wäre Einstein.

aber ich nehme an, ich wäre jetzt in Bern.

aber ich nehme an, ich hätte meine eigene Straßenbahn.

aber ich nehme an, ich wäre Straßenbahnfahrer.

aber ich nehme an, ich würde mit Lichtgeschwindigkeit fahren.

aber ich nehme an, ich würde auf einem Lichtstrahl reiten.

aber ich nehme an, ich würde zum Jupiter fliegen.

aber ich nehme an, ich würde Einsteins Lichtreise machen.

aber ich nehme an, ich hätte die Relativitätstheorie erfunden.

Finden Sie nun bitte die Formen des Konjunktiv II selbst:

Konjunktiv II

ich bin — *ich wäre*

ich habe — _____

ich kann — _____

ich reite — _____

ich fahre — _____

ich fliege — _____

8

● **Elemente**

KONJUNKTIV II

Der Konjunktiv hat nur zwei Zeiten: Gegenwart und Vergangenheit.

Gegenwart:

ich wäre Pilot	wir wären Piloten
Sie wären Pilot du wärst Pilot	Sie wären Piloten ihr wärt Piloten
er sie } wäre Pilot es	} sie wären Piloten
ich hätte einen Zeppelin	wir hätten einen Zeppelin
Sie hätten einen Zeppelin du hättest einen Zeppelin	Sie hätten einen Zeppelin ihr hättet einen Zeppelin
er sie } hätte einen Zeppelin es	} sie hätten einen Zeppelin
ich würde Zeppelin fliegen	wir würden Zeppelin fliegen
Sie würden Zeppelin fliegen du würdest Zeppelin fliegen	Sie würden Zeppelin fliegen ihr würdet Zeppelin fliegen
er sie } würde Zeppelin fliegen es	} sie würden Zeppelin fliegen

Fast alle Verben bilden den Konjunktiv II mit
würde + Infinitiv.

Viele Verben haben aber auch eine „antike" Konjunktivform. Bitte lernen Sie die folgenden „antiken" Formen:

ich dürfte		ich ginge
ich könnte		ich käme
ich müßte	Modalverben	ich ließe
ich sollte		ich wüßte
ich wollte		

Die anderen „antiken" Formen müssen Sie nicht lernen. Benützen Sie immer: *würde* + Infinitiv. Aber Sie müssen die „antiken" Formen verstehen, wenn Sie deutsche Texte lesen. Zum Beispiel: *ich brächte, ich führe, ich redete, ich ritte, ich sagte, ich träumte* . . .
Sie sehen hier: oft ist die antike Konjunktivform identisch mit dem Präteritum.

Vergangenheit:

ich wäre Pilot gewesen	wir wären Piloten gewesen
Sie wären Pilot gewesen	Sie wären Piloten gewesen
du wärest Pilot gewesen	ihr wärt Piloten gewesen
er sie } wäre Pilot gewesen es	sie wären Piloten gewesen
ich hätte einen Zeppelin gehabt	wir hätten einen Zeppelin gehabt
Sie hätten einen Zeppelin gehabt	Sie hätten einen Zeppelin gehabt
du hättest einen Zeppelin gehabt	ihr hättet einen Zeppelin gehabt
er sie } hätte einen Zeppelin gehabt es	sie hätten einen Zeppelin gehabt
ich wäre Zeppelin geflogen	wir wären Zeppelin geflogen
Sie wären Zeppelin geflogen	Sie wären Zeppelin geflogen
du wärst Zeppelin geflogen	ihr wärt Zeppelin geflogen
er sie } wäre Zeppelin geflogen es	sie wären Zeppelin geflogen

9 ⊙⊙

● **Bitte sprechen Sie**

Haben Sie einen Zeppelin?
→ Nein, aber ich hätte gern einen.

Haben Sie einen Luftballon?
Sind Sie Millionär?
Haben Sie eine Mondrakete?
Sind Sie Opernsänger?
Haben Sie einen Park?
Sind Sie eine Prinzessin?
Haben Sie ein Schloß?
Haben Sie ein Observatorium?
Sind Sie Nobelpreisträger?

Ich wäre gerne

10
Unterhaltung

Fragen Sie einander

Wohin würden Sie fahren, wenn Sie Urlaub und Geld hätten? Was würden Sie im Urlaub tun?
Was würden Sie sich kaufen, wenn Sie im Lotto gewonnen hätten?
Wo würden Sie gern leben, wenn Sie noch einmal auf die Welt kämen?

11 ⊙⊙
Bitte sprechen Sie

Er raucht pausenlos.
→ Ich würde endlich aufhören, zu rauchen.

Er sucht und sucht.
Er spielt den ganzen Abend Karten.
Er ärgert sich über alles.
Sie weint immer noch.
Wir warten seit fünf Stunden.
Er raucht seit zwei Jahren Haschisch.
Die reden dauernd über Geld.

> *Das ist das Schöne an der Freiheit, daß man alles das kann, was man dann doch nicht tut.*
>
> ROSEMARIE BUHLMANN
>
> *Alles sollte so einfach wie möglich gemacht werden, aber nicht einfacher.*
>
> EDITH STEIN

12 ⊙⊙
Bitte sprechen Sie

Ich wollte nicht fragen.
→ Hätten Sie doch gefragt!

Ich wollte Sie nicht stören.
Ich wollte nichts sagen.   *etwas gesagt*
Ich wollte kein Geld verlangen.
Ich wollte nicht warten.
Ich wollte nicht anrufen.
Ich wollte nicht länger bleiben.
Ich wollte nicht antworten.
Ich wollte nicht klingeln.
Ich wollte Sie nicht unterbrechen.

14 ⊙⊙
Bitte sprechen Sie

Das Buch habe ich nicht gelesen.
→ Das hättest du aber lesen sollen.

Den Film habe ich nicht gesehen.
Den Vortrag habe ich nicht gehört.
Das habe ich nicht gewußt.
Das habe ich nicht gemerkt.
Das Stück habe ich nicht gesehen.
Den Artikel habe ich nicht gelesen.
Den habe ich nicht kennengelernt.
Die Platte habe ich nicht gekauft.
Die Ausstellung habe ich nicht gesehen.

13 ⊙⊙
Bitte sprechen Sie

Ich habe nein gesagt.
→ Ich hätte auch nein gesagt.

Ich habe keine Lust gehabt.
Ich bin zu Hause geblieben.
Er hat den Unsinn nicht mitgemacht.
Er hat die Prüfung nicht bestanden.
Sie ist eingeschlafen.
Ich habe das Angebot angenommen.
Ich habe nicht länger gewartet.
Ich habe den Namen vergessen.
Er hat gekündigt.

15
● **Suchen und finden**

Interessieren Sie sich für Musik?
→ Sehr. Ich würde gern Musiker werden.

Interessieren Sie sich für Architektur?
Interessieren Sie sich für Mathematik?
Interessieren Sie sich für die Eisenbahn?
Interessieren Sie sich für Medizin?
Interessieren Sie sich für Astronomie?
Interessieren Sie sich für Kunst?
Interessieren Sie sich für den Wald?
Interessieren Sie sich für Philosophie?
Interessieren Sie sich für Physik?

6

16
● **Studie**

ich hätte nicht tun sollen

a Wenn ich ein Stipendium bekäme, *Käufe ich ein Auto*

b Sie wird mir nie verzeihen. *Meines Auto hättest du aber zusammenstoßen* *nicht sollen*

c Er raucht 60 am Tag. *Hätte er aber nicht rauchen sollen*

d Wenn Hunde sprechen könnten, *was sprächten sie?*

e Sie schrie so laut, daß *ich ginge ich gern hinaus*

f Wenn ich reiten könnte, *Käufe ich ein Pferd*

g So ein Glatteis! Fast *Hättest du aufhören sollen*

h Sie wollte keinen Mann heiraten, der *Liebstete sie nch*

i Wenn die Sonne scheinen würde, *ginge ich in den Park*

k Wenn Elefanten fliegen könnten, *träge ich ein Helm*

17
● **Studie**

a Ich nehme die Straßenbahn. Zu Fuß *wäre mir das zu weit.*

b Er ißt täglich drei Schnitzel. Es wäre besser, wenn *äßt er nur ein*

c Bei besserem Lohn

d Diese Hitze hier im Süden. Bei dieser Hitze

e Du trinkst zu viel, Trude.

f 2000 Mark? Das geht nicht auf einmal. Mit einem Kredit *Könnte*

g Bei Ihrem Gesundheitszustand

h Schon so spät! Eigentlich

i Ohne deine Hilfe

k Die Arbeiter erwarteten, daß die Löhne

18

● **Können Sie das erklären?**

Diskutieren Sie (in kleinen Gruppen) die folgenden Aufgaben und tragen Sie Ihre Gesprächsergebnisse dann im Plenum vor. Jede Gruppe wählt ein Thema. Benutzen Sie das Wörterbuch.

Versuchen Sie genau zu erklären, wie die folgenden Geräte funktionieren:

a die Sanduhr
b der Kompaß
c die Waage
d die Wasserwaage
e Konsul Smith mußte in einer Woche viermal zwischen Tokio und Washington hin- und herfliegen. Als er eines Morgens erwachte, wußte er nicht mehr, wo er war. Das Mädchen, das ihm das Frühstück brachte, teilte ihm mit: „Heute ist Donnerstag". „Dann bin ich in Washington," sagte Smith.

19

● **Können Sie das erklären?**

Was bedeuten die folgenden Ausdrücke?

Zeit sparen	Zeitgefühl
Zeit verlieren	Zeitalter
sich Zeit nehmen	Zeitenwende
mit der Zeit gehen	zur Zeit
die Zeit einhalten	zeitig
in Zeitnot kommen	zeitgemäß
Zeit ist Geld	zeitlos

20

● **Gesprächsübung**

Bitte antworten Sie frei

A Wissen Sie denn, um welches Problem es in dem Gespräch geht?
B Nicht so genau.
A Dann würde ich erst mal zuhören.

A In Rom wollen Sie studieren. Können Sie Italienisch?
B Nicht so gut.

A Mit dem Wagen willst du eine Weltreise machen. Wie alt ist er denn?
B Achtzehn Jahre.

A Sie sind ja völlig außer Atem. Und Sie wollen sofort weiter?
B Ja, ich muß.

A Deine Hände zittern ja. Wieviele Tassen Kaffee hast du heute schon getrunken?
B Zehn, zwölf.

A Du willst morgen früh fliegen. Wann geht die Maschine?
B Das weiß ich noch nicht.

A Du willst heiraten. Wie lange kennst du sie denn?
B Zwei Tage.

Der Mensch mißt die Zeit, und die Zeit mißt den Menschen.

Italienisches Sprichwort

Die Zeit, die alles verschlingt, verschlingt zuletzt sich selbst.

Indisch

Ein Blütenblatt fällt.
Ein Augenblick.
Ein Jahrhundert.

BASHO

„laut denken"

Sagen Sie alles, was Ihnen zu den Bildern einfällt!

21
Können Sie das erklären?

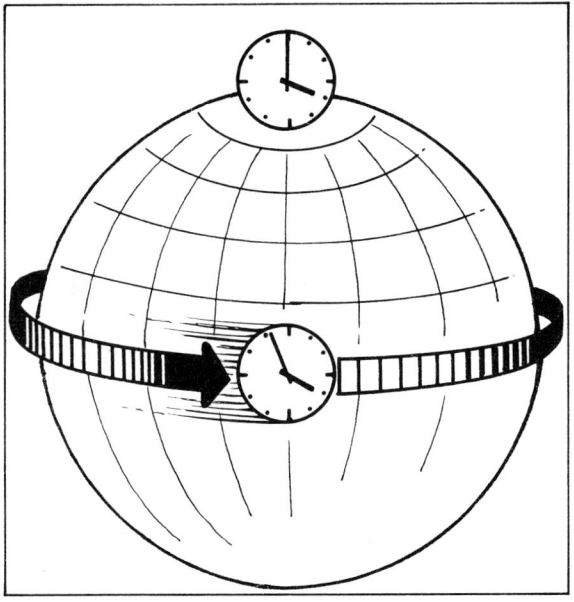

Was könnte dieses Bild darstellen? Bitte beschreiben und erklären Sie die einzelnen Vorgänge.

22
Lesetext

Wahrlich, aus mir hätte vieles
werden können in der Welt,
hätte tückisch nicht mein Schicksal
sich mir in den Weg gestellt.

5 Wie zum reichen Mann geboren,
hätt' ich diesen Stand erwählt,
hätte nicht vor allen Dingen
immer mir das Geld gefehlt.

Um der Musen Gunst zu buhlen,
10 war ich minder schon entfernt;
ein Gelehrter wär' ich worden,
hätt' ich Lesen nur gelernt.

Bei den Frauen, sonder Zweifel,
hätt' ich noch mein Glück gemacht,
15 hätten sie mich allerorten
nicht unmenschlich ausgelacht.

ADALBERT VON CHAMISSO

23
Textarbeit

Der Dichter klagt –

Aus ihm hätte vieles werden können,

wenn _____

Und vielleicht wäre er ein großer Gelehrter geworden,

wenn _____

Bei den Frauen hätte er sicher sein Glück gemacht,

wenn _____

Und ein reicher Mann wäre er wohl auch geworden,

wenn _____

24
Redeübung

Nehmen Sie das Gedicht als Anregung, über Ihr eigenes Schicksal zu klagen! Machen Sie sich Notizen und reden Sie dann frei.

25
Unterhaltung

Was wäre
- wenn die Erde flach wäre?
- wenn die Erde keine Schwerkraft hätte?
- wenn jeder in unserem Gesicht lesen könnte, was wir denken?
- wenn wir alle auf einmal verrückt würden?
- wenn es kein Papier gäbe?
- wenn ich plötzlich aus drei verschiedenen Personen bestünde?
- wenn wir in einer Rakete säßen, die schneller als das Licht fliegt?
- wenn plötzlich die ganze Welt mit allen Lebewesen und Dingen tausendmal kleiner wäre?
- wenn es keine Zahlen gäbe?
- wenn wir auf einmal alle vernünftig würden?

26
● Lesetext

Albert Einstein wurde am 14. März 1879 in Ulm geboren. 1880 zog die Familie nach München. Nach wenig glücklichen Schuljahren schrieb sich Einstein an der Technischen Hochschule in Zürich in den Fächern Mathematik und Physik ein. Sein Lehrer war Hermann 5 Minkowski, der 1907 das vierdimensionale Raum-Zeit-Kontinuum entdeckte. Nach seinem Studium wurde Einstein technischer Beamter in Bern, später Privatdozent an der Universität Zürich. Ende 1913 wurde ihm die Leitung des Kaiser-Wilhelm-Instituts für Physik in Berlin 10 angeboten. Er nahm die Stelle an und blieb dort bis 1933. Im Jahr 1921 erhielt er den Nobelpreis für seine Arbeiten auf dem Gebiet der Photoelektrizität (also nicht für seine Relativitätstheorie). Bei Hitlers Machtübernahme im Januar 1933 war Einstein zufällig im Ausland. Er 15 übernahm einen Posten am neu gegründeten „Institute for Advanced Study" in Princeton. Er kehrte nicht nach Deutschland zurück. Obwohl er bis zu seinem Lebensende private Kontakte nach Deutschland pflegte, war ihm dieses Land wegen der Naziverbrechen zuwi- 20 der. Er starb in Princeton am 18. April 1955.
Einstein schuf die Relativitätstheorie, die von grundle-

Der siebzehnjährige Albert Einstein in Aarau (Schweiz)

Der Musiker

Dieses Bild schickte Einstein zu seinem Geburtstag 1951 an alle seine Freunde

gender Bedeutung für die Physik der Atomkerne ist.
Seine zweite Leistung ist eine Erweiterung der von Max
25 Planck begründeten Quantentheorie, welche die physi-
kalischen Gesetze zeigt, die das unsichtbare Universum
regieren. Seine letzte Tat ist die Entdeckung der Feld-
theorie, in der Einstein zeigen will, daß alle Naturerschei-
nungen – Planeten, Licht, Elektrizität und möglicherwei-
30 se auch die Partikel im Innern des Atoms – denselben
Gesetzen gehorchen.

27

● Reduktion

Dies ist ein ausführlich geschriebener Lebenslauf. Ver-
gleichen Sie ihn mit der sehr kurzen Brecht-Biografie
Seite 91.
Dort finden Sie einen Lebenslauf in Stichworten.
Bitte kürzen Sie nun die Einstein-Biografie ebenso.
Schreiben Sie also einen Lebenslauf in Stichworten.
Beginnen Sie etwa so:
*1879 in Ulm
Studium der Mathematik . . .

28

● Schreibschule

Bitte schreiben Sie Ihren eigenen Lebenslauf in zwei Variationen: (1) in Stichworten   (2) ausführlich.

29

Das richtige Wort

Bauen Sie Nomen

das Telefon   und _die_ Nummer   = _die Telefonnummer_ _____

_____ Welt   und _____ Meister   = _____

_____ Haut   und _____ Farbe   = _____

_____ Bad   und _____ Mantel   = _____

_____ Sonne   und _____ Brille   = _____

_____ Sand   und _____ Uhr   = _____

_____ Gespräch   und _____ Partner   = _____

_____ Geschäft   und _____ Mann   = _____

_____ Arbeit   und _____ Amt   = _____

Bauen Sie Nomen

Kind + Spiel + Platz   = _____

Straße + Bau + Maschine   = _____

Kopf + Schmerz + Tablette   = _____

Dampf + Schiff + Fahrt   = _____

Roman

TEIL 6

„Mutzinger!!"

„Jawohl, Herr Inspektor!"

„Die Bilder vom Labor sind da. Machen Sie sich auf die Socken und klappern Sie die Straßen ab, in denen dieser
5 mysteriöse Typ aufgetaucht ist. Sie wissen selber, alle Anrufer, Gaststätten, Cafés, Kinos und Hotels."

„Jawohl, Herr Inspektor, ich bin schon unterwegs. Der sieht aber noch jugendlich aus, den schätze ich auf höchstens 35."

10 „Soll das ein Witz sein? Der ist doch mindestens in meinem Alter."

„Wie Sie meinen, Herr Inspektor."

*

Mutzinger, Polizeioberwachtmeister, entfernt sich leicht verärgert. Der Ärger nimmt von Besuch zu Besuch zu.
15 Auch wenn die Befragten den Herrn auf dem Foto noch nie gesehen haben, so muß Oberwachtmeister Mutzinger feststellen, daß die Betrachter offensichtlich ganz verschiedene Personen auf der Fotografie erkennen. Mit Rücksicht darauf, daß es erst 17.30 ist, mag Mutzinger
20 nicht annehmen, daß zu so früher Stunde eine so große Zahl von Leuten betrunken sind.

Leicht verstört begibt er sich aufs Revier und berichtet.

„Herr Inspektor ... äh ... ich weiß nicht, was ich sagen soll ... mit diesen Bildern ist irgendwas nicht in
25 Ordnung."

Mutzinger berichtet nun detailliert über seine Erlebnisse. Inspektor und Oberwachtmeister versuchen es nun selbst und kommen zu einem unglaublichen Ergebnis.

„Mutzinger, Sie reden mit niemand darüber."

30 „Jawohl, Herr Inspektor."

„Pst."

„Jawohl, Herr Inspektor."

*

In allen Revieren der Stadt X. spielen sich Szenen ab wie in Revier 6. Niemand sagt die Wahrheit, man könnte sich ja lächerlich machen. Auch die „Opfer" sind leicht 35 verwirrt. Begeben wir uns zu Frau Platzke. „Also Frau Platzke! Sie erzählen mir heute etwas ganz anderes als das letztemal!"

„Sie wollen doch nicht sagen, daß ich lüge, Frau Michelhuber!" 40

„Nein, nein, natürlich nicht. Mich irritieren nur diese Unterschiede in den Personenbeschreibungen. Vielleicht haben Sie den Einbrecher damals nicht so richtig gesehen?"

„Aber ich bitte Sie, Frau Michelhuber, ich habe doch mit 45 ihm mehrere Minuten gesprochen, mindestens."

„Wie erklären Sie sich dann zwanzig Jahre Unterschied und einmal hell und einmal dunkel?"

„Und trotzdem, es ist derselbe. Auch der Kommissar hat gesagt, das muß ein Verkleidungskünstler sein." 50

Gespräche ähnlichen Inhalts wiederholen sich überall, wo der Fremde direkten Kontakt zur Bevölkerung hatte. Freundschaften nehmen ein plötzliches Ende, Erbschaften werden gekündigt, Geliehenes wird zurückverlangt ... Auch im Labor der Polizei kann man sich über 55 Aussehen, Alter, Kleidung des Gesuchten nicht einigen. Die Chefs der verschiedenen Polizeieinheiten greifen wie üblich zum letzten Mittel: sie berufen Sachverständige. Es marschieren in der Arena auf: Gerichtsmediziner, Psychologen, Soziologen, Futurologen ... Die 60 Quintessenz ihrer Gutachten: der Täter existiert nur in der Phantasie der Opfer. Der Polizeipräsident ordnet sofortige Einstellung der polizeilichen Untersuchungen an.

Nehmen Sie Stellung zu dieser Geschichte. Urteilen Sie selbst.

Kapitel 7

Kleiner Dialog

Herr A:	Diese Luft hier . . . da kann man ja nicht atmen! Würden Sie bitte das Fenster aufmachen, sonst sterbe ich.
Herr B:	Gern.
Frau C:	Da kommt ja eine Eiskälte rein! Das hält keiner aus. Würden Sie bitte das Fenster zumachen, sonst sterbe ich.
Herr B:	Gern. – Herr Zugführer ! . . . Hallo, Herr Zugführer!
Zugführer:	Ja, was kann ich für Sie tun?
Herr B:	Könnten Sie mir einen Rat geben? Wenn ich das Fenster aufmache, stirbt die Dame. Wenn ich das Fenster zumache, stirbt der Herr.
Zugführer:	Nichts einfacher als das. Machen Sie das Fenster auf, dann stirbt die Dame, dann machen Sie das Fenster zu, dann stirbt der Herr.

2

Suchen und finden

A Würden Sie mal zumachen?
B Die Tür?
A Nein, das Fenster natürlich!

Würden Sie mal ausmachen?
Würden Sie mal suchen?
Würden Sie mal anmachen?
Würden Sie mal bestellen?
Würden Sie mal zuschließen?
Würden Sie mal auspacken?
Würden Sie mal aufmachen?

3 👀

Bitte sprechen Sie

Würden Sie mir den Füller leihen?
→ Tut mir leid, Das ist nicht meiner.

Würden Sie mir die Schere leihen?
Würden Sie mir den Schirm leihen?
Würden Sie mir das Kursbuch leihen?
Würden Sie mir den Schlüssel leihen?
Würden Sie mir die Handschuhe leihen?
Würden Sie mir den Mantel leihen?
Würden Sie mir die Sonnenbrille leihen?
Würden Sie mir die Skier leihen?
Würden Sie mir den Wagen leihen?

4 ☉☉
Bitte sprechen Sie

Haben Sie denn keinen Schirm?
→ Nein. Vielleicht könnten Sie mir Ihren leihen?

Haben Sie denn keine Taschenlampe?
Haben Sie denn keinen Hotelschlüssel?
Haben Sie denn keine Pistole?
Haben Sie denn kein Werkzeug?
Haben Sie denn keine Stoppuhr?
Haben Sie denn kein Messer?
Haben Sie denn keinen Kleiderbügel?
Haben Sie denn keine Tasche?
Haben Sie denn keinen Koffer?

5 ☉☉
● **Kleiner Dialog**

Helmut: Würdest du mir mal den Füller leihen?
Dirk: Den alten Füller? Gern, gern! Bitte!
Helmut: Schöner Füller. Aber der geht ja gar nicht. –
         Oh, jetzt hab ich ihn kaputtgemacht.
Dirk: Gottseidank.
Helmut: Ich kauf dir einen neuen.
Dirk: Das ist nett von dir.

6
Ihre Rolle, bitte

Spielen Sie ähnliche Szenen. Sie brauchen eine Lampe, Skier, eine Uhr, einen Cassettenrecorder, einen Hammer, eine Taschenlampe, ein Fahrrad, eine Schreibmaschine, einen Briefumschlag.

7
● **Elemente**

DIE VORSICHTIGE BITTE

Die vorsichtige Bitte formulieren wir komplizierter als die direkte Bitte. Wir nehmen den Konjunktiv II. Wir fangen diplomatisch an: „Würden Sie bitte . . .'' oder „Würden Sie vielleicht . . .'' und sagen unseren Wunsch erst am Ende des Satzes.

I   Würden Sie mir bitte den Zucker geben?
    Könnten Sie mir bitte den Zucker geben?
II Wenn Sie mir bitte den Zucker geben würden.
    Wenn Sie mir bitte den Zucker geben könnten.

8
● **Suchen und finden**

Milch oder Zitrone?
→ Würden Sie mir bitte Milch geben?

Kaffee oder Tee?
→ Würden Sie mir bitte Tee bringen?

Honig oder Marmelade?
Margarine oder Butter?
Rot oder Weiß?
Käse oder Schinken?
Milch oder Rum?
Weißbrot oder Schwarzbrot?
Milch oder Kakao?

9 ☉☉
● **Bitte sprechen Sie**

Wann soll ich zahlen?
→ Wenn Sie bitte bald zahlen würden.

Wann soll ich anfangen?
Wann soll ich kommen?
Wann soll ich servieren?
Wann soll ich schreiben?
Wann soll ich anrufen?
Wann soll ich wiederkommen?
Wann soll ich helfen?
Wann soll ich unterschreiben?
Wann soll ich fahren?

10
● Suchen und finden

Ich fahre jetzt.
→ Könntest du nicht noch etwas bleiben?

Ich komme morgen.
→ Könntest du nicht heute kommen?

Ich schweige.
Ich gehe allein.
Ich zahle morgen.
Ich bleibe heute im Bett.
Die Schokolade esse ich jetzt.
Ich schreibe den Brief nächste Woche.
Ich muß jetzt Trompete üben.
Das Geld gebe ich aus.

11
● Suchen und finden

Haben Sie Durst?
→ Ja. Vielleicht könnten wir etwas trinken?

Ist Ihnen kalt?
Sind Sie müde?
Haben Sie Geld?
Sind Sie noch frisch?
Haben Sie Angst?
Haben Sie Schmerzen?
Haben Sie gut geschlafen?
Möchten Sie eine Pause machen?
Haben Sie Hunger?

12 ◯◯
Kleiner Sketch

I

Urs:	Traurig.
Peer:	Maßlos traurig.
Jörg:	Und nach Hause sind es 200 km.
Thomas:	Und die Kälte hier!
5 Urs:	1,20 DM, das ist alles, was ich noch habe.
Peer:	Und ich: 2,95 DM. Hier.
Jörg:	Ich hab gerade noch einen Glückspfennig.
Urs:	Insgesamt 4,16 DM, reicht nicht mal für vier Suppen.
10 Peer:	Schreckliches Pech.
Urs:	Da hilft nur noch Elise.
Thomas Peer Jörg	Wer?
15 Urs:	Hier in Marburg wohnt nämlich eine alte Bekannte von mir, Näherin, 65 Jahre alt. Immer wenn ich komme, macht sie mir einen Pfannkuchen.
Thomas:	Pfannkuchen!
20 Jörg:	Hilfe! Pfannkuchen!
Urs:	Aber ihr müßt sehr nett zu ihr sein.

II

Elise:	Urs, mein Lieber. Wie gehts dir?	
Urs:	Es könnte besser gehen.	
Elise:	Warum siehst du so melancholisch aus?	
Urs:	Ach, das Leben . . . Übrigens, ich habe noch einen Freund. Oder eigentlich sind es drei.	25
Elise:	Ja und?	
Urs:	Die stehen unten in der Kälte. Dürfte ich . . . könnten die vielleicht . . . sich ein bißchen aufwärmen hier?	30
Elise:	Natürlich! Nur schnell in den Spiegel schauen.	
Urs:	Thomas! Jörg! Peer!	
Thomas:	Guten Tag.	
Jörg:	Das ist sehr freundlich von Ihnen.	35
Peer:	Vielen Dank.	
Elise:	Kommen Sie rein, nehmen Sie Platz, was darf ich Ihnen anbieten?	
Jörg:	Oh, nichts.	
Peer:	Vielen Dank.	40
Elise:	Aber warum sehen Sie denn alle so traurig aus? Ist was passiert? Was Schlimmes?	

Urs:	Nein, nein, nichts.	Elise:	Komme gleich. – – – Schmeckts, meine Herren?
Elise:	Darf ich Ihnen nicht einen Tee . . .		

45 Thomas: Doch, gern.
Jörg: Wir wären Ihnen sehr dankbar.
Elise: Haben Sie Hunger?
Peer: Nein, nein.
Jörg: Nie.
50 Elise: Könnte ich Ihnen vielleicht –
Thomas: Was?
Jörg: Einen Pf-
Elise: Einen Pfannkuchen?
Jörg: Oh ja.
55 Peer: Aber höchstens einen.
Jörg: Selbstverständlich.
Thomas: Wir könnten Ihnen natürlich helfen.
Elise: Nicht nötig. Dauert nur zehn Minuten.

III

Thomas: Mensch, deine Elise ist Spitze.
60 Peer: Das ist jetzt mein fünfter.
Jörg: Schmeckt irre.
Urs: Elise!

Thomas: Großartig. 65
Peer: Wundervoll.
Jörg: Irre.
Elise: Zehn hätt ich noch in der Küche.
Peer ⎱ Oh!
Jörg ⎰ 70
Thomas: Das vergessen wir nie!
Jörg: Unglaublich gemütlich hier!
Peer: Phantastische Stimmung!
Elise: Ihr seid auch ganz andere Menschen jetzt!
Urs: Das machen deine Pfannkuchen! 75
Elise: Jetzt seht ihr viel glücklicher aus, alle vier!
Urs: Ja, so ein Pfannkuchen verändert die ganze Weltanschauung.

13
● Elemente

DIE VORSICHTIGE BITTE UM ERLAUBNIS

I Könnte ich hier telefonieren, bitte?
II Wenn ich hier telefonieren könnte.

14
Suchen und finden

Möchten Sie telefonieren?

→ Ja, könnte ich telefonieren?

Möchten Sie reinkommen?
Möchten Sie mitfahren?
Möchten Sie noch Kaffee?
Möchten Sie mich mal besuchen?
Möchten Sie was zu essen?
Möchten Sie sich ausruhen?
Möchten Sie noch Wein?
Möchten Sie ein Bad nehmen?
Möchten Sie sich hinlegen?

15
Suchen und finden

Haben Sie Lust mitzuspielen?

→ Ja, wenn ich mitspielen könnte?

Haben Sie Lust mitzukommen?
Sie wollen den Chef sprechen?
Tee oder Kaffee?
Kennen Sie das Buch?
Hier bei uns ist noch ein Platz.
Mögen Sie Sherry?
Müde?
Ich bin Maler.
Sehr heiß heute, finden Sie auch?

16
● Studie

FRAGE:

ANTWORT:

a Würden Sie mir 20 Pfennig geben?

Leider hab ich kein Kleingeld.

b Würden Sie die Zeitung zeigen

Die Zeitung? Gern.

c Könnte ich telefonieren

Das Telefon ist hier rechts.

d Würden Sie gern ein Bier trinken

Tut mir leid. Ich bin Antialkoholiker.

e Würden Sie mir das Buch leihen

Natürlich. Kannst du es mir morgen zurückgeben?

f Würden Sie mir ein Taschenlampe leihen

Dumm! Ich habe leider keine Taschenlampe.

g Würden Sie mir deine Handschuhe leihen

Ich hoffe, meine Handschuhe sind dir nicht zu klein.

h Würden Sie mir etwas zu trinken geben

Bier oder Wein?

i Könnten Sie mein Radio reparieren

Unmöglich, ich bin kein Elektriker.

k Würden Sie etwas für ein Schmerz geben

Eine oder zwei Tabletten?

l Würden Sie das Buch morgen haben

Du kannst es gern zwei Wochen behalten.

7

m _Könnte Ich rauchen_ _____ Selbstverständlich, hier ist der Aschenbecher.

n _Könnten wir es erzählen_ _____ Nein, ich habe ihr versprochen, nichts zu erzählen.

o _Könnte ich eine bank finden_ ____ Nein, die Bank ist am Samstag zu.

p _____ Herr Quadflieg ist leider verreist.

q _____ Um 7 Uhr morgen früh? Gern.

r _____ Leider nicht, das ist mein einziger Schlüssel.

s _____ Ach nein, es ist besser, ich gebe Ihnen meine Telefonnummer nicht.

17
● Zwei kleine Lesetexte

I

Leider kann ich das Rennauto nicht kaufen. Das war so:
Ich ging zu meinem Abteilungsleiter, das ist Herr Burger.
Anfangs fragte ich ihn ganz diplomatisch, ob er mit
meiner Arbeit zufrieden sei usw., er lobte mich enorm.
5 Dann erzählte ich ihm von der einmaligen Chance, ein
Rennauto zu bekommen, ganz billig, und ob er selber
vielleicht Interesse hätte. Natürlich hat er kein Interesse,
das wußte ich vorher. Dann erklärte ich ihm mein
Problem, daß ich zwar prima fahren kann und auch
10 Mitglied in einem Rennfahrerverein bin, aber daß ich bis
heute immer mit diesen gewöhnlichen schwachen
Autos fahren muß, und ganz zum Schluß fragte ich ihn
so nebenbei, ob ich für fünf Monate im voraus mein
Monatsgehalt haben könnte. Da hat er ein Riesentheater
15 gemacht und gesagt, das sei eine Frechheit und ich sei
erst ein Jahr in der Firma usw. und das sei ganz
unmöglich. Kurz und gut: das mit dem Rennwagen
klappt nicht. Diesmal nicht. Vielleicht das nächste Mal.

II

Guten Morgen! Ich bin todmüde. Um halb zwei sind fast
alle Gäste gegangen, aber das junge Pärchen, Evi und 20
der dicke Valentin, denen gefiel es so wahnsinnig gut
hier, die blieben sitzen, die blieben sitzen, da half keine
List. Ich schlug ihnen vor, einen kleinen Spaziergang zu
machen und wollte sie so zur Straßenbahn bringen. Ich
schlug vor, auf den Balkon zu gehen und die Jupiter- 25
monde anzusehen, denn ich dachte, das ist ihnen
bestimmt langweilig. Ich brachte Kaffee. Ich drehte die
Heizung ab. Ich bot an, sie heimzubringen. Usw. usw.
Um halb fünf endlich schliefen die beiden auf der Couch
ein. Oh! vielleicht sind sie noch da? Schau mal nebenan! 30

18
● Ihre Rolle, bitte

Machen Sie aus den beiden Lesetexten (17) kleine
Szenen. Arbeiten Sie in kleinen Gruppen, verteilen Sie
die Rollen, proben Sie und führen Sie die Szenen dann
auf.

19

● **Schreibschule**

BRIEFANREDE UND BRIEFSCHLUSS

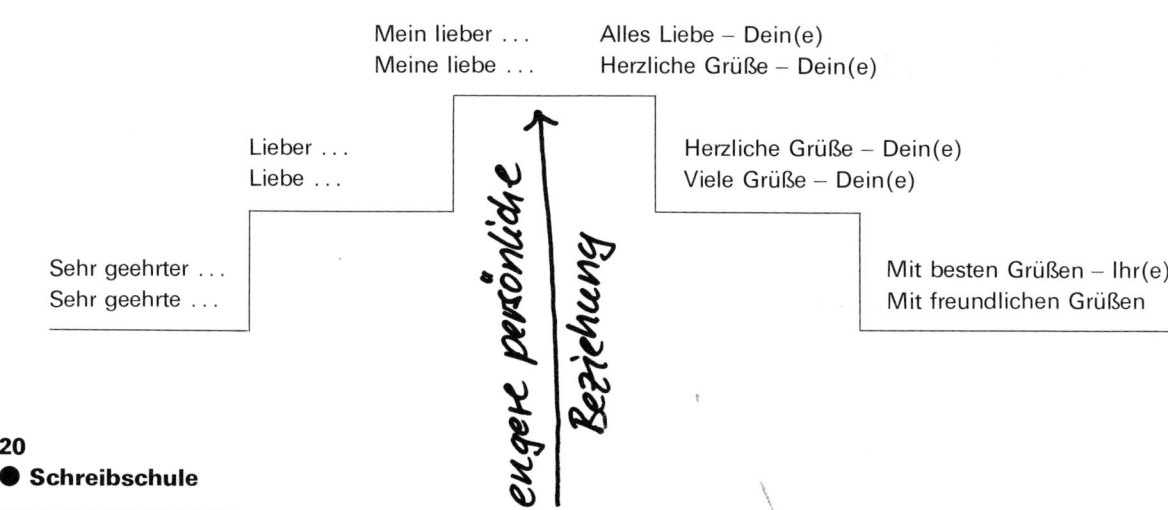

Mein lieber ...   Alles Liebe – Dein(e)
Meine liebe ...   Herzliche Grüße – Dein(e)

Lieber ...   Herzliche Grüße – Dein(e)
Liebe ...   Viele Grüße – Dein(e)

Sehr geehrter ...   Mit besten Grüßen – Ihr(e)
Sehr geehrte ...   Mit freundlichen Grüßen

engere persönliche Beziehung

20

● **Schreibschule**

DER PRIVATBRIEF

Wie ein Brief anfängt und wie er schließt, das haben Sie in Nummer 19 gesehen. Das ist leicht. Schwieriger ist natürlich das, was zwischen Anfang und Schluß steht: der Text. Wie baue ich den Text?
Ich überlege zuerst das Thema (oder die Themen). Ich plane dann 4–5 Punkte zum Thema (zu den Themen). Ich notiere zu jedem Punkt einige Stichworte. Um die Stichworte herum baue ich dann Sätze. Also noch einmal:

Thema
Punkte
Stichworte
Sätze

Hier ein kleines Beispiel: ein Brief aus dem Winterurlaub. Helmut schreibt seiner irischen Freundin Fiona nach Dublin.

Thema: Mein Urlaub in Burgfelden.
Punkte: 1. Zimmer 2. Ort 3. Landschaft 4. Lesen
Stichworte: 1. a) Tisch, Baum b) Ofen 2. a) Burgfelden b) bei Tübingen 3. a) Luft b) Spazieren gehen c) Schnee d) Berge 4. Nestroy

Und so sieht der Brief dann aus:

3. März

Meine liebe Fiona,

grad komme ich aus dem Bad, jetzt sitze ich am Frühstückstisch und schaue in einen großen alten Baum. Der Ofen glüht und mir ist pudelwohl. Burgfelden ist ein Bauerndorf hoch über Tübingen. Kein Auto, kein Professor, die Luft ist klar, ich schlafe und esse viel!! und laufe jeden Morgen spazieren, der Schnee schmilzt und unter dem Schnee sind schon die Blumen versteckt. In der Ferne sieht man weiße Berge, die halten immer noch ihren Winterschlaf. Und nachts? Da lese ich Nestroy. Und in 2 Wochen kommst Du! Ich freue mich wahnsinnig!

Alles Liebe
Dein Helmut

Burgfelden auf der Schwäbischen Alb. 921 m

Schreiben Sie nun bitte einen Privatbrief an ... Finden Sie selber ein Thema. Wenn Sie kein Thema finden, nehmen Sie eines dieser Themen:

a Sie laden einen Freund zu einer Reise ein. Termin, Ziel, Unterkunft, Verkehrsmittel ...
b Sie bitten Ihren Bruder um Geld. Eigene Lage, Zweck, Termin, Rückgabe ...

21
Kleine Leseschule
FACHTEXTE

Wir wiederholen die in Kapitel 3 (Nummer 12–22) geübte Methode zu lesen. Zuerst wieder zwei kurze Texte aus dem Lexikon. Die Texte sind so einfach, daß zwei Schritte genügen, sie zu verstehen. Untersuchen Sie
  Thema
  Struktur des Textes.

22
Lesetext

Perspektive: Projektion von einem festen Punkt aus (Augpunkt) auf eine Bildebene. Die Gegenstände erscheinen bei wachsender Entfernung kleiner (unter kleinerem Gesichtswinkel). Parallele Geraden (z. B. Eisenbahnschienen) scheinen in einem einzigen Punkt, dem Fluchtpunkt, zusammenzulaufen. Bei horizontalen Geraden liegt dieser auf dem Horizont. Das Tiefense- ⁵ hen hintereinander befindlicher Gegenstände (Bäume, Säulen) ordnet die sichtbaren Flächen zur Vorstellung des räumlichen Nacheinander.

Das neue Fischer-Lexikon (1979)

23
Textarbeit

Thema: _____

Struktur des Textes: _____

_____

_____

Bitte üben Sie dieselben zwei Schritte beim folgenden Text. Nehmen Sie ein Blatt Papier und notieren Sie die Schritte.

24
Lesetext

Das räumliche Sehen kommt durch Verschmelzen der verschiedenen Teilbilder von rechtem und linkem Auge und durch Erfahrung (Per-
⁵ spektive, Verblassen der Farbe mit zunehmender Entfernung usw.) zustande.
Das räumliche Auflösungsvermögen beträgt beim Menschen rund 60
¹⁰ Winkelsekunden, das zeitliche Auflösungsvermögen rund 25 Bilder pro Sekunde.

Das neue Fischer-Lexikon (1979)

Albrecht Dürer: Perspektivisches Zeichnen einer Kanne. Um 1505

122

25
Textarbeit

Wenn Sie den Text Nummer 24 verstanden haben, können Sie die folgenden Sätze zu Ende führen:

a Die Farben werden schwächer, wenn _____ zunimmt.

b Wenn die Teilbilder von rechtem und linkem Auge nicht verschmelzen, können wir _____

_____

c Wir können in jeder Sekunde höchstens _____

_____

Um den folgenden – etwas komplizierteren – Text zu verstehen, tun Sie bitte alle drei Schritte. Untersuchen Sie:
  Thema
  Struktur des Textes
  Logik.

26
Lesetext

Perspektivismus: die philosophische Auffassung, daß alle Erkenntnis vom persönlichen Standort, von der Perspektive des Erkennenden bedingt sei, eine standortfreie Allgemeingültigkeit also nicht möglich sei. Gottfried Wilhelm Leibnitz (1646–1716) lehrt: „Wie ein und dieselbe Stadt, von verschiedenen Seiten betrachtet, uns perspektivisch vervielfältigt erscheint, 5 so gibt es ebenso viele verschiedene Welten, die aber nichts anderes sind als die perspektivischen Ansichten einer einzigen.''

Philosophisches Wörterbuch (1969)

27
Textarbeit

Hier folgt eine Variation des Textes Nummer 26 mit demselben Inhalt. Ergänzen Sie bitte die Verben.

Perspektivismus _____ eine philosophische Theorie. Diese Theorie sagt: ich kann die Dinge immer nur

von meinem Standort aus _____. Absolute, allgemein gültige Wahrheiten _____ es nicht.

Es gibt nur eine Welt, aber sie _____ uns in vielen Variationen. Denn jeder _____ sie

von einer anderen Seite her: genau so wie wir uns von einer Stadt viele Bilder machen können: von Norden, von

Osten, von Süden, von Westen.

**28
Spiel**

Jeder schneidet aus alten Zeitungen oder Illustrierten drei Bilder aus, die ihn interessieren. Er legt seine Bilder mit dem „Gesicht" nach unten auf den Boden. – Nun zieht jeder drei beliebige Bilder und denkt sich in fünf Minuten eine Geschichte aus, in der er selbst und die drei Bilder vorkommen. (Variation: Gruppenarbeit.)

**29
Spiel**

Zwei gleich große Gruppen: A und B. Jeder Teilnehmer bekommt drei Karten. Jeder Teilnehmer der Gruppe A schreibt auf seine drei Karten drei Ziele, zum Beispiel „nach Köln" oder „ins Bett". Jeder Teilnehmer der Gruppe B schreibt auf seine Karten drei Fragen, zum Beispiel „wo gehst du denn hin?" oder „wo schwimmen Sie hin?"

Dann werden alle Karten gemischt, wieder in zwei Teile geteilt und in den beiden Gruppen geordnet. Die Karten werden dann mit verteilten Rollen gelesen, eventuell wird der Dialog weitergeführt, zum Beispiel so:

– Wo schwimmen Sie hin?
– Nach Hamburg.
– Das ist aber weit!

. . .

30 ⊙⊙
● **Hören und verstehen**

Die Leute, die Sie hier hören, sind alle übertrieben höflich. Sie wollen etwas, aber das sagen sie nicht deutlich, sondern furchtbar vorsichtig. Nehmen Sie bitte ein Blatt Papier und sagen Sie dieselben Wünsche ganz klar und einfach. Beispiel:

1. _Wo ist der Bahnhof?_ _____

2. _____

3. _____

4. _____

5. _____

6. _____

7. _____

8. _____

9. _____

10. _____

31
● **Lesetext**

VERMUTUNGEN ÜBER MEINE GROSSMUTTER

I

Ottilie saß abends im Lehnstuhl, als sie einen Einbrecher bei sich einsteigen sah.

„Erschrecken Sie nicht," sagte sie sanft aus dem Dunkel:
„ich bin es nur."

II

Ottilie setzte sich eine Fliege auf die tägliche Bibelseite.

„Komm, mach schon," sagte sie nach etwa einer Stunde zu ihr: „ich würde gern umblättern."

III

Als Ottilie im Sterben lag, ließ sie einen evangelischen und einen katholischen Geistlichen kommen.

„So, ihr zwei," sagte sie schwach; „und jetzt gebt euch mal hübsch die Hand und vertragt euch." Dann starb sie.

WOLFDIETRICH SCHNURRE

32
Unterhaltung

Studieren Sie die Haltung dieser alten Dame. Wie könnte man diese Haltung bezeichnen? Und wie wirkt diese Haltung?

7

33

● **Elemente**

DER HAUPTSATZ

Wenn Sie die richtigen Wörter (die Mosaiksteine) gefunden haben und für diese Wörter die richtige Form gefunden haben (damit die Steinchen zusammenpassen), möchten Sie natürlich das Mosaik zusammensetzen. Wie baut man den Satz richtig zusammen? Es gibt viele Regeln, aber nur wenige Regeln sind streng. Die andern gelten nur ungefähr. Wir zeigen Ihnen die wichtigsten Regeln. Der unsichtbare Plan des deutschen Satzes sieht so aus:

Auf Position I steht meistens ein Nominativ:

Aber auf Position I kann auch ein anderes Wort stehen. Dann steht der Nominativ rechts von Position II:

Strenge Regel: Auf Position II steht immer das Verb. Wenn der Satz zwei Verbformen hat, steht die andere Verbform am Satzende:

Ungefähre Regel: In der Mitte zwischen Verbform 1 und Verbform 2 stehen meistens die Angaben. Sie nennen zum Beispiel die Zeit:

– oder den Ort:

– oder die Negation:

Welche Ergänzungen stehen links, welche Ergänzungen stehen rechts? Ungefähre Regel:

Tendenz nach links haben   die Ergänzungen mit dem Nominativ:

die Ergänzungen mit dem Akkusativ:

die Ergänzungen mit dem Dativ:

Tendenz nach rechts haben   die Ergänzungen mit einer Präposition:

die Ergänzungen mit dem Genitiv:

Eine Angabe oder eine Ergänzung kann auch ganz links (auf Position I) stehen, wenn sie besonders wichtig ist:

Natürlich können auch mehrere Ergänzungen zusammenstehen. Bei den linken Ergänzungen gilt die Regel: Nominativ – Dativ – Akkusativ:

Aber: das Pronomen im Akkusativ kommt immer nach links:

I	II	Verbform 1	Ergänzungen	Angaben	Ergänzungen	Verbform 2
Ottilie		*saß*			*im Lehnstuhl.*	
Abends		saß	Ottilie		im Lehnstuhl.	
Ottilie		*sprach*			*mit dem Ein-brecher.*	
Ich		habe	keinen Schnaps			getrunken.
Sie		saß		abends	im Lehnstuhl.	
Sie		*sprach*		*aus dem Dunkel*	*zu ihm.*	
Ich		kann		nicht		kochen.
Jetzt		*gehe*	*ich*		*zum Friseur.*	
Ich		habe	sie	nie		geküßt.
Ich		*danke*	*Ihnen*	*herzlich*	*für Ihren Brief*	
Wir		haben	uns		über Picasso	unterhalten.
Er		*wurde*			*des Mordes*	*angeklagt.*
Abends		saß	sie		im Lehnstuhl.	
Jeden Morgen		*gibt*	*sie ihren Rosen Wasser.*			
Du		mußt	es mir	unbedingt		verraten.

„laut denken"

Sagen Sie alles, was Ihnen
zu den Bildern einfällt!

Roman

TEIL 7

In der Villa des Polizeipräsidenten. Zur Feier des Tages und der Auflösung des mysteriösen Kriminalfalles hat der Polizeipräsident einige hervorragende Bürger zu einem kleinen Umtrunk eingeladen. „Prost, meine Her-
5 ren! Der Unfug ist zu Ende!"
Die Herrenparty stimmt lauthals dem Polizeipräsidenten zu. Alle?

*

Nein. Links hinten in einer Ecke steht ein Herr und nippt an einem Glas Sprudel. Er betrachtet die Versammlung
10 der durch den Alkohol stark inspirierten Herren und nähert sich langsam dem Polizeipräsidenten, um ein Gespräch mit ihm zu suchen.
„Sie sind neu im Amt?"
„In dieser Gegend, Herr Polizeipräsident."
15 „Wo waren Sie früher tätig?"
„Man könnte sagen, hahaha, einige Lichtjahre, hahaha, von hier."
„Hahaha, Sie sind ein lustiger Vogel, ein echter Gewinn für unser Städtchen."
20 „Herzlichen Dank, Herr Präsident!"
„Trinken Sie denn nichts Besseres?"
„Danke, es ist genau das, was ich jetzt brauche."

„Was sagen Sie denn zu dieser verrückten Geschichte hier mit diesem Phantom? Da haben wir uns ganz schön lächerlich gemacht, nicht wahr? Das kommt eben 25 davon, wenn man auf alte Tanten hört."
„Da bin ich ganz Ihrer Meinung, Herr Präsident, das ist wohl eine Art Psychose, die sich hier breitgemacht hat. Man sollte ihr keine Bedeutung beimessen."
„Da freue ich mich aber, daß Sie das sagen. Es sind 30 natürlich nicht alle der gleichen Meinung."
„Aber Herr Präsident, das ist doch lächerlich."
„Klar. Aber einige brauchen eben ihre Schauergeschichten. Ich habe auch angeordnet, daß die Polizeikräfte sich nicht weiter mit diesem Quatsch beschäftigen." 35
„Ich danke Ihnen, Herr Präsident."
„Wie bitte?"
„ . . . äh . . . im Namen der Bürger der Stadt danke ich Ihnen, daß Sie die geringen Kräfte der Polizei freige- macht haben für wichtigere Aufgaben." 40
„O, mein Lieber, wissen Sie, ich bin ein ganz nüchterner Mensch."
„Übrigens, Herr Präsident, Sie gehören wohl auch zu den Wissenden?"
„Entschuldigen Sie . . . wie meinen Sie das?" 45

Kapitel 8

Fakultativ bis Nummer 23

1
Lesetext

I

Der Bauer Dong suchte eine Stunde lang nach seiner Axt
und konnte sie nicht finden. Da fiel sein Verdacht auf Luo,
seinen Nachbarn, und er begann ihn zu beobachten.
5 Wirklich, Luo ging genau wie ein Axtdieb. Er redete
genau wie ein Axtdieb. Er lachte genau wie ein Axtdieb.
Seine Blicke und Bewegungen waren die eines Axtdiebs.
Zufällig fand der Bauer Dong nachts die Axt unter seiner
Treppe wieder. Als er am nächsten Tag den Nachbarn
10 Luo wieder traf, hatte er sich ganz verändert. Luo ging
nicht mehr wie ein Axtdieb, redete nicht mehr wie ein
Axtdieb, lachte nicht mehr wie ein Axtdieb, in seinen
Blicken und Bewegungen war nichts mehr von einem
Axtdieb.

Nach LIÄ DSI

II

15 Mein Name ist Hung, der Regenbogen. Ich bin die Frau
des Bauern Dong. Gottseidank hat Dong die Axt
wiedergefunden! Unser Nachbar war gestern bei uns
und trank Tee, viele Tassen. Als er weg war, war auch die
Axt weg. Eine Stunde lang haben wir sie gesucht, in der
20 Werkstatt, im Keller, im Stall.
Aber trinkt ein Dieb fünf oder sechs Tassen Tee mit dem,
den er bestehlen will? Kann man einem Menschen
Schuld geben ohne Beweis? Einen Menschen beschul-
digen, sagte meine Großmutter, ist das Zimmer neben
mir anzünden. Aber für Dong stand die Schuld des 25
Nachbarn fest, und sein Zorn war so groß, daß er den
Namen Luo ganz vergaß: er redete nur noch von diesem
bösen Gesellen. Fast hätte er auch noch mich beschuldigt, als er die Axt nachts unter der Treppe fand. Denn
der Zorn war schon da, und wohin sollte er ihn nun 30
schicken?

III

Was ist mit meinem Nachbarn los? Gestern abend war er
wieder halb verrückt. Manchmal habe ich wirklich
Angst, er verliert allmählich seinen Verstand.
Er hat sich mit mir unterhalten und Tee getrunken und 35
gelacht wie ein Gesunder. Eine Stunde später stand er
hinter der Mauer und beobachtete mich, jede meiner
Bewegungen. Ich grüßte ihn, er hörte mich nicht.
Allmählich kriegte ich Angst und rannte ins Haus. Und
heute früh, da war er wieder völlig normal! Winkte über 40
die Mauer, lächelte, grüßte mich.
Ist er krank, oder sein Sohn, oder seine Frau? Wir sind
Nachbarn und sind uns doch fremd. Ich verstehe ihn
nicht, wie kann ich ihn kritisieren? Mein Großvater hat
immer gesagt: Man kann die Blumen nicht vom Pferd 45
aus beurteilen.

2
Textarbeit

Welches Nomen paßt zu welchem Verb?

denken	Feuer
steigen	Blick
sehen	Axt
stehlen	Verstand
schlagen	Pferd
reiten	Treppe
anzünden	Dieb

3
Textarbeit

Welche Sätze in unserem Lesetext haben die gleiche Bedeutung wie die folgenden Sätze:

Man kann nicht über die Blumen urteilen, während man vorbeireitet.
Er suchte die Schuld bei Luo.
Manchmal fürchte ich, er wird geisteskrank.
Er sprach nur noch von diesem schlechten Menschen.
Fast hätte er auch noch mich verdächtigt.
Dong war von der Schuld des Nachbarn überzeugt.
Zum Glück hat er die Axt wiedergefunden.
Der dem andern Schuld gibt, auf den kommt sie bald wieder zurück.

4
Textarbeit

a In diesen drei Erzählungen stecken drei oder vier Gedanken. Können Sie sie herausfinden?
b Wie verhält sich Hung? Können Sie ihren Standpunkt charakterisieren?
c Und der Autor der Erzählung III? Charakterisieren Sie ihn.

5
Schreibschule

a Der Bauer Dong hat einen 92jährigen Knecht namens Wu. Wu kannte Dong schon, als er ein kleiner Junge war. Schreiben Sie bitte die Geschichte so, wie Wu sie erzählt.
b Nun schreiben Sie die Geschichte, wie Dong sie selbst berichtet.

6
Diskussion

Bitte lesen Sie nun den ganzen Text noch einmal. Untersuchen Sie Nominativ, Akkusativ, Dativ und Genitiv des Wortes „Nachbar". Schreiben Sie diese Formen bitte mit rotem Stift neben die hier folgenden Formen des Wortes „Bruder":

	Bruder	*Nachbar*
NOM	der Bruder	_____
AKK	den Bruder	_____
DAT	dem Bruder	_____
GEN	des Bruders	_____

Was ist der Unterschied?

7
Elemente

Es gibt *(nur für maskuline Nomen!!)* zwei verschiedene Deklinationen:

normale Deklination / **n-Deklination**

SINGULAR

NOM	der Baum		der Mensch
AKK	den Baum		den Menschen
DAT	dem Baum		dem Menschen
GEN	des Baums		des Menschen

PLURAL

NOM	die Bäume		die Menschen
AKK	die Bäume		die Menschen
DAT	den Bäumen		den Menschen
GEN	der Bäume		der Menschen

8
Elemente

Welche Nomen folgen der n-Deklination?

Ein Tip: lernen Sie die wenigen Nomen, die der n-Deklination folgen. (Alle anderen Nomen folgen natürlich der normalen Deklination.)

Nomen, die der n-Deklination folgen:

(1) der Bauer, der Herr, der Mensch, der Nachbar

(2) maskuline Nomen mit der Endung -e:

männliche Personen:		männliche Tiere:
der Bote	der Bulgare	der Affe
der Genosse	der Däne	der Hase
der Geselle	der Finne	der Löwe
der Junge	der Franzose	
der Kollege	der Grieche	
der Kunde	der Jugoslawe	
der Neffe	der Pole	
	usw.	

(3) nichtdeutsche Wörter:

TYP „DIAMANT"	TYP „STUDENT"	TYP „ARTIST"	TYP „BIOLOGE"
der Diamant	der Student	der Artist	der Biologe
der Elefant	der Patient	der Jurist	der Pädagoge
der Konsonant	der Präsident	der Optimist	der Theologe
usw.	usw.	usw.	usw.

(4) einige abstrakte maskuline Nomen mit der Endung -e:

der Friede
der Gedanke
der Glaube
der Name

Diese Wörter haben im Genitiv Singular die Endung -ns (des Friedens).

(5) Nur ein Neutrum folgt der n-Deklination:

NOM	das Herz
AKK	das Herz
DAT	dem Herzen
GEN	des Herzens

Sie sehen, dieses Wort paßt nicht ins Schema (Aber ein Herz soll ja auch seinem eigenen Gesetz folgen!)

9

Bitte sprechen Sie

Wie heißt der Patient?
→ Ich kenne den Patienten nicht.

Wie heißt der Kollege?
Wie heißt der Herr?
Wie heißt der Chefarzt?
Wie heißt der Mann?
Wie heißt der Assistent?
Wie heißt der Oberarzt?
Wie heißt der Junge?
Wie heißt der Praktikant?
Wie heißt der Franzose?

10

Bitte sprechen Sie

Ein netter Kollege!
→ Welchen Kollegen meinst du?

Ein netter Herr!
Ein netter Student!
Ein netter Junge!
Ein netter Arbeiter!
Ein netter Nachbar!
Ein netter Kellner!
Ein netter Bauer!
Nette Kollegen!
Ein netter Kunde!

11

Bitte sprechen Sie

Der Nachbar hat sich beschwert.
→ Dann müssen wir mit dem Nachbarn sprechen!

Der Kunde hat sich beschwert.
Der Student hat sich beschwert.
Der Herr hat sich beschwert.
Die Mitarbeiter haben sich beschwert.
Die Kollegen haben sich beschwert.
Der Genosse hat sich beschwert.
Der Hausbesitzer hat sich beschwert.
Der Tourist hat sich beschwert.
Die Studenten haben sich beschwert.

Siegende Friedenstaube

12

Schüttelkasten

Bauen Sie Sätze, beginnen Sie bitte immer mit „Willst du nicht ..."
Beispiel: „Willst du nicht den Italiener heiraten?"

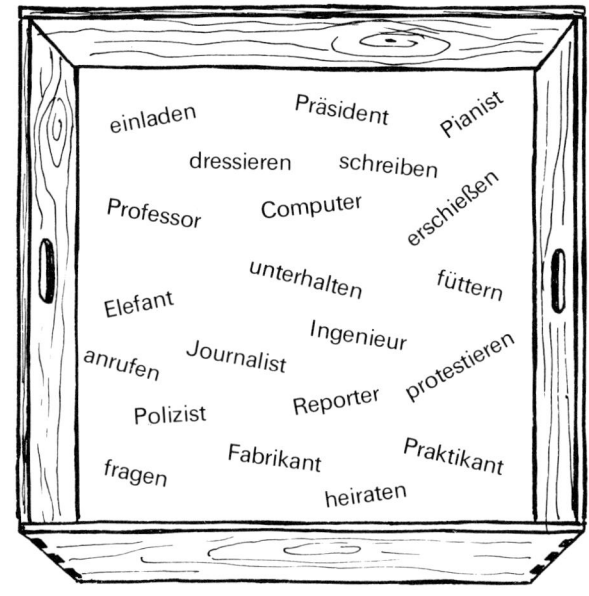

13
Studie

Ergänzen Sie das Wort „Bauer". Bei größeren Lücken ergänzen Sie bitte alles, was fehlt.

Ein _____ besaß eine kleine Hütte mit einem einzigen großen Zimmer. In dem Zimmer lebten der _____,

seine Frau, seine drei Kinder, die Mutter des _____ ; 6 Hühner, ein Hund und eine Katze. Eines Tages sagte

die Frau zu dem _____ : Meine Eltern sind krank geworden, wir wollen sie zu uns nehmen. Nun lebten

in dem Zimmer des _____ : der _____ , seine Frau, seine drei Kinder, die Mutter des

5   _____ , die Eltern der Frau des _____ ; 6 Hühner, ein Hund und eine Katze.

Das Zimmer wurde dem _____ enger und enger, und als eines Nachts die Katze dem _____

stolz drei neugeborene Kätzchen zu Füßen legte, begann er zu verzweifeln. Er ging zum Pfarrer. „Wo fehlts?" fragte

der Pfarrer. „Wie soll einer das aushalten? In meinem Haus wohnen . . .

Der Pfarrer riet dem _____ : „Nimm noch die beiden Töchter deiner Schwester zu dir."

10 Drei Monate später erschien der _____ wieder. „Wo fehlts?" fragte der Pfarrer. „Wie soll einer das

aushalten? In meinem Haus wohnen . . .

„Nimm noch deine zwei Kühe ins Zimmer."

Zwei Monate später kam er wieder. „Wo fehlts?" fragte der Pfarrer den _____ . „In meiner Hütte

wohnen . . .

15 „Nimm noch deine Tante und ihren Mann in dein Haus."

Als der Pfarrer den _____ nach einem Monat wiederkommen sah, wurde er zornig. „Wo fehlts?" rief er

durchs Fenster zu dem _____ hinunter. „In meiner Hütte wohnen . . .

„Nimm deine Tante und ihren Mann heraus, nimm deine zwei Kühe heraus, nimm die beiden Töchter deiner

Schwester heraus."

20 Nach einer Stunde kam der _____ , umarmte den Pfarrer und rief: „O Gott, wie klug ist doch unser Herr

Pfarrer! Wie groß ist nun unser Haus geworden! Wie glücklich bin ich jetzt!"

14
Studie

Bitte ergänzen Sie das Wort „Mensch"

a   Diesen _____ willst du heiraten? So einen ungewaschenen Typ?

b   Mindestens 20 000 Mark Schulden hat der _____ ! Mit dem _____ setze ich mich nicht

an einen Tisch.

c   Sechsköpfige Familie! Den _____ vermiete ich die Wohnung nicht.

d   Ich kann mit dem _____ nicht zusammenarbeiten, der _____ raucht pausenlos.

e   Frißt zu viel. Den _____ können wir nicht einladen.

f   Ein _____, der noch nie Goethe gelesen hat, interessiert mich nicht.

g   Macht dauernd Witze, lacht so laut. So einen _____ kann ich nicht in meinem Büro brauchen. Hier

wird gearbeitet.

h   Diese langhaarigen Typen, diese jungen _____ von heute! Ich verstehe diese _____ nicht.

i   Bitte bring mir diesen Marxisten nicht ins Haus. Ich will mich nicht dauernd über den _____ ärgern.

k   Was, der _____ ist Polizist? Den _____ kenne ich nicht.

15 ☺☺
Machen Sie sich Notizen

Bitte schreiben Sie das, was Sie hören, in Stichworten nieder. Schreiben Sie nicht alles, sondern nur das Wichtigste.

ANALYSE DER DUMMHEIT TEIL 1

Die Heimat ist schön.

_____   sympathisch.

_____   unmenschlich.

_____   richtige Religion.

_____

_____

_____   bestraft.

16
Textarbeit

schriftlich oder mündlich, individuell oder in kleinen Gruppen

a Von wem könnte der Text (15) stammen?
b Bitte nehmen Sie zu dem Text Stellung.
c Halten Sie die Probleme, die der Text behandelt, für wichtig – warum? warum nicht?

17
Schreibschule

Schreiben Sie einen kurzen Text, in dem Sie den Text (15) so verändern, daß der Inhalt Ihre wirkliche Meinung wiedergibt.

18
Machen Sie Vorschläge

Wie kann man die folgenden Probleme lösen?
Bitte bilden Sie kleine Gruppen. Überlegen Sie alle möglichen Wege, diese Probleme zu lösen. Notieren Sie Ihre Vorschläge und tragen Sie die Vorschläge im Plenum vor. (Alle Gruppen bearbeiten dieselben Probleme.)

a Ich bin zu Gast bei Bekannten, die mir ein fremdartiges Essen servieren, das ich unmöglich essen kann (z. B. gebratene Singvögel, einen Hund usw.). Was mache ich?
b Ich habe – zu Gast bei Freunden, die verreist sind – eine wertvolle chinesische Vase zerbrochen. Was mache ich?
c Ich habe zwei mir kaum bekannte ausländische Geschäftspartner zum Essen eingeladen. Ich will bezahlen und merke, daß ich kein Geld dabei habe. Was mache ich?

19
Bildgeschichte F[1]
HOHE TAUERN

Bitte stellen Sie zu diesen Bildern einen Text her (es folgen einige Angaben zu den Bildern). Skizzieren Sie den Text in kleinen Gruppen. Wählen Sie eine Redaktion und bauen Sie den Text in der Redaktion zusammen.

Kitzsteinhorn in den Hohen Tauern: 3202 m über dem Meer.
Krefelder Hütte (Bild 7): 2294 m über dem Meer
Jahreszeit: Januar (-15 bis $-20\,°C$)
Zufahrt über Zell am See – Kaprun

[1] Siehe Dias F1–F8

20
Suchen und finden

Nimmst du den Hund mit?
→ Nein, den lasse ich daheim.

Nimmst du den Pelzmantel mit?
→ Nein, den lasse ich im Schrank.

Nimmst du die Pfeife mit?
Nimmst du das Scheckbuch mit?
Nimmst du die Stiefel mit?
Nimmst du den Fotoapparat mit?
Nimmst du die Bettflasche mit?
Nimmst du das Abendkleid mit?
Nimmst du die Katze mit?
Nimmst du den Spiegel mit?

21
Suchen und finden

Brauchen Sie die Schreibmaschine?
→ Ach nein, die können wir im Büro lassen.

Brauchen Sie den Regenmantel?
→ Ach nein, den können wir im Schrank lassen.

Brauchen Sie Schreibpapier?
Brauchen Sie Bücher?
Brauchen Sie einen Bademantel?
Brauchst du die Sandalen?
Sollen wir Brot, Käse, Schinken mitnehmen?
Und Bier?
Brauchen wir Gewürze?
Nehmen wir das Fahrrad mit?

22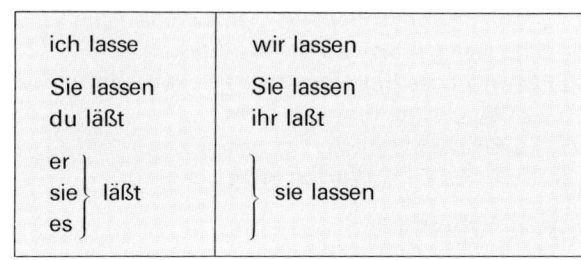

Bitte sprechen Sie

Mein Untermieter will täglich duschen.
→ Lassen Sie ihn doch täglich duschen!

Mein Untermieter will täglich Gäste empfangen.
Mein Untermieter will Klavier spielen.
Meine Untermieterin will Geschirr spülen.
Meine Untermieterin will täglich kochen.
Meine Untermieterin will den Mietvertrag kündigen.
Mein Sohn will mit der Schule aufhören.
Mein Sohn will ein Handwerk lernen.
Meine Tochter will Medizin studieren.
Meine Tochter will Entwicklungshelferin werden.

23
Suchen und finden

Wenn ich nur wüßte, was der Vogel hat!
→ Laß ihn doch fliegen!

Wenn ich nur wüßte, was meine Tochter hat!
Wenn ich nur wüßte, was mein Untermieter hat!
Wenn ich nur wüßte, was die Soldaten haben!
Wenn ich nur wüßte, was meine Sekretärin hat!
Wenn ich nur wüßte, was meine Untermieterin hat!
Wenn ich nur wüßte, was mein Sohn hat!
Wenn ich nur wüßte, was die Studenten haben!
Wenn ich nur wüßte, was meine Frau hat!
Wenn ich nur wüßte, was meine Kinder haben!

24
● **Elemente**
LASSEN

ich lasse	wir lassen
Sie lassen	Sie lassen
du läßt	ihr laßt
er sie } läßt es	} sie lassen

ich lasse ... = es $\frac{\text{bleibt}}{\text{geschieht}}$ ohne mich

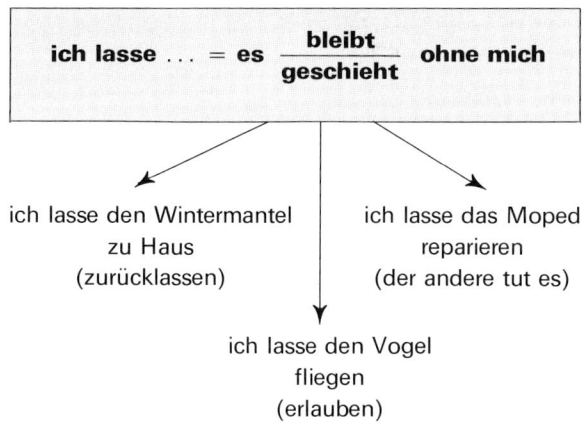

ich lasse den Wintermantel
zu Haus
(zurücklassen)

ich lasse das Moped
reparieren
(der andere tut es)

ich lasse den Vogel
fliegen
(erlauben)

25
Ihre Rolle, bitte

a Eltern wollen Tochter kein Geld für eine Auslandsreise geben

b Chef will Sekretärin nicht erlauben, daß Sie ihr Arbeitszimmer nach ihrem eigenen Geschmack dekoriert

c Eltern wollen, daß der Sohn sein langes Haar abschneiden läßt

d Eltern wollen Tochter/Sohn das Rauchen verbieten

Bitte spielen Sie diese Situationen; vielleicht können Sie dabei das Wörtchen „lassen" verwenden?

26 ☉☉
Bitte sprechen Sie

Die Taschenlampe funktioniert nicht.
→ Die müssen Sie reparieren lassen.

Der Cassettenrecorder funktioniert nicht.
Das Moped läuft nicht.
Die Lampe brennt nicht.
Der Fernseher geht nicht.
Der Kühlschrank funktioniert nicht.
Die Heizung ist defekt.
Der Scheinwerfer brennt nicht.
Der Reifen ist platt.
Die Bremse funktioniert nicht.
Der Motor läuft nicht.

27
● Suchen und finden

Blöde Lampe!
→ Wenn sie nicht brennt, mußt du sie
            reparieren lassen.

Blödes Auto!   Blöder Reifen!
Blöder Scheinwerfer!   Blödes Motorrad!
Blöder Cassettenrecorder!   Blöde Heizung!
Blödes Rücklicht!   Blödes Radio!
Blöde Taschenlampe!

28
● Suchen und finden

Der Mantel ist schon wieder schmutzig!
→ Laß ihn doch reinigen.

Die Uhr steht schon wieder!
Das Tischtuch ist schon wieder schmutzig!
Mein Bart ist schon wieder so lang!
Der Kühlschrank ist schon wieder defekt!
Die Hose ist schon wieder schmutzig!
Der Wecker steht schon wieder!
Das Hemd ist schon wieder schmutzig!
Die Heizung ist schon wieder defekt!
Der Rock ist schon wieder schmutzig!

29 ☉☉
● Szene

| Kundin: | Kann man hier Schuhe reparieren lassen, oder gibts hier bloß neue? |
| Verkäufer: | Wir reparieren auch. Moment, bitte. |

Schuhmacher:	Grüß Gott. Wo drückt der Schuh?
Kundin:	Schauen Sie. Können Sie das machen?
Schuhmacher:	Die sind ja total durch. Durchgetanzt?
Kundin:	Mhm.
Schuhmacher:	Donnerwetter, meinen Respekt! Aber ich weiß nicht, ob es sich noch lohnt, die zu reparieren. Das würde kosten: 16 ... 20 ... rund 24 Mark.
Kundin:	Wahnsinn! Wer soll das bezahlen? Ich bin eine Studentin.
Schuhmacher:	Tja, dann dürfen Sie eben nicht so toll tanzen.
Kundin:	Das ist meine Privatsache. Das geht Sie überhaupt nichts an!
Schuhmacher:	22 ... na ja, 21 Mark, für Sie.
Kundin:	O. k.
Schuhmacher:	Bis Donnerstag.
Kundin:	Wiederschaun.

30
● **Ihre Rolle, bitte**

Für die folgenden kleinen Dialoge brauchen Sie einige Fachausdrücke. Suchen Sie die Ausdrücke im Wörterbuch, bereiten Sie die Dialoge gemeinsam vor und spielen Sie sie dann. Benützen Sie dabei, wenn es geht, auch das Wort „lassen".

Gespräche mit dem/der

a Friseur (Friseuse)
b Schneider (in)
c Automechaniker
d Glaser
e Elektriker
f Zahnarzt (-ärztin)

31
● **Studie**

Bitte ergänzen Sie *lassen* und, in einigen Sätzen, außerdem noch eins dieser Verben: *drucken, machen, reparieren, sagen, schneiden, untersuchen.*

a Wenn du so schlecht siehst, mußt du unbedingt deine Augen _untersuchen_ _lassen_ .

b _Laß_ deine Scheckkarte nicht im Auto, man kann nie wissen . . .

c Warum _läßt_ du deine Tochter nicht ihre eigenen Erfahrungen _machen_ ?

d Es kommen etwa 200 Gäste. Am besten, wir _lassen_ Einladungskarten _drucken_ .

e Ach, mein Chef _läßt_ mich ja kaum fünf Minuten aus den Augen.

f Du könntest dir wirklich mal die Haare _schneiden_ _lassen_ , die gehn ja schon bald bis auf den Boden!

g Er hat immer recht. Er _läßt_ sich nichts _sagen_ .

h Geht schon wieder nicht. Ich muß die Uhr jetzt wirklich _reparieren_ _lassen_ .

32
Kleine Leseschule
UNBEKANNTE WÖRTER

Wir wiederholen die in Kapitel 3 (Nummer 18–20) gezeigte Methode, unbekannte Wörter zu verstehen. Prüfen Sie zuerst: ist das Wort wichtig? Wenn es nicht wichtig ist, vergessen Sie es. Wenn es wichtig ist, probieren Sie

a das Verstehen aus dem Zusammenhang (Kontext)
b das Verstehen aus der internationalen Bedeutung
c das Verstehen aus der Wortbildung (woher kommt das Wort?)

Nur wenn Sie dann das Wort noch nicht verstehen,

d suchen Sie im Wörterbuch.

Seien Sie aber bitte vorsichtig: die drei Methoden a, b und c sind nicht immer zuverlässig! Prüfen Sie genau, ob die Erklärung, die Sie gefunden haben, exakt in den Text paßt.

33
Drei Lesetexte

I

Ein Teil der Macht und Unangreifbarkeit der Bürokratie besteht in ihrer Unpersönlichkeit. Der Staatsbürger gewinnt den Eindruck, daß er nicht einzelnen Menschen, sondern einem unüberschaubaren Apparat gegenübersteht.
Sehr oft wird innerhalb der Bürokratie die Verantwortung von einer Instanz zur anderen geschoben. Eine andere Gefahr besteht darin, daß sich die Bürokratie verselbständigt.

Gesellschaft und Staat. Lexikon der Politik (1979)

II

Bürokratisierung ist die Einengung des menschlichen Gemeinschaftslebens durch organisationsbedingte Sachentscheidungen.

Wörterbuch der Soziologie (1979)

III

Bürokratismus verliert durch übermäßige Regeltreue und Disziplin die Ziele der Organisation aus dem Auge und taugt daher nicht zur Lösung unerwarteter Aufgaben.

Lexikon zur Soziologie (1978)

34
Textarbeit

Text I

Diese Wörter sind in diesem Text unwichtig:
    bestehen, Staatsbürger, gewinnen, Eindruck, innerhalb.

Diese Wörter verstehen Sie aus dem Kontext:
    gegenüberstehen, schieben.

Diese Wörter verstehen Sie aus der internationalen Bedeutung:
    Bürokratie, Apparat.

Diese Wörter verstehen Sie aus der Wortbildung:
    Unpersönlichkeit, unüberschaubar.

Wenn Sie die folgenden Wörter noch nicht verstehen, suchen Sie sie im Wörterbuch:
    unangreifbar (Verb: angreifen), Verantwortung, Instanz, verselbständigen (Adjektiv: selbständig).

Bitte üben Sie die Methode mit den Texten II und III!

35
Lesetext

Die Schnelligkeit, mit der die Bürokratie beinahe alle Bereiche menschlicher Aktivität eroberte, ist erschreckend. Der durchrationalisierte Industriebetrieb, wo dem Menschen Initiative, Intelligenz, Wissen, Methode ge-
5 nommen werden zugunsten eines leblosen Mechanismus, ist ein Symbol der gegenwärtigen Gesellschaft. Denn obwohl die bürokratische Maschine aus Fleisch, und zwar aus wohlgenährtem Fleisch besteht, ist sie ebenso verantwortungslos und unbewußt wie die Maschinen aus Eisen und Stahl. Die gesamte Entwicklung 10 der gegenwärtigen Gesellschaft zielt darauf ab, die verschiedenen Formen von Bürokratie zu entfalten und ihnen eine Art Autonomie zu geben. Darum besteht unsere Aufgabe darin, diesen neuen politischen Faktor klarer zu definieren, als Marx es tun konnte. 15

SIMONE WEIL

36
Textarbeit

Aus dem Kontext verstehe ich:

erobern, zugunsten,

Aus der internationalen Bedeutung verstehe ich:

Aktivität, Industrie,

Aus der Wortbildung verstehe ich:

Schnelligkeit, erschreckend,

37
Textarbeit

a ... „ein Symbol der gegenwärtigen Gesellschaft" (Zeile 6). Wie sieht die Autorin also die gegenwärtige Gesellschaft?
b „Wohlgenährtes Fleisch" — wer ist damit gemeint?
c Erklären Sie das Wort „unbewußt" (Zeile 9) in diesem Zusammenhang.
d Marx konnte die Bürokratie als politischen Faktor noch nicht klar sehen, weil ...?
e Der Text wurde vor fünfzig Jahren geschrieben. Finden Sie das auch überraschend?

38
Spiel

Jeder Teilnehmer bekommt 6 Karten. Auf zwei Karten schreibt er ein Wort, das ein Gegenteil hat. Auf die andern Karten schreibt er die Gegenteil-Worte. Fast jedes Wort hat bekanntlich mindestens zwei Gegenteile, zum Beispiel

nehmen

geben

behalten

Dann werden die Karten gemischt und wieder geordnet. Leere Karten müssen dasein, mit denen man fehlende Gegenteil-Wörter ergänzen kann.

Das Spiel kann von zwei Klassen parallel gespielt werden, die Klassen tauschen dann ihre Karten aus.

39 ◉◉
● Hören und verstehen

Bitte nehmen Sie ein Blatt Papier. Hören Sie — und finden Sie eine gute Antwort.

40
● **Lesetext**

In einer Höhle in der Lüneburger Heide fanden die beiden Brüder Klaus und Jörg B., 6 und 7 Jahre, einen unerwarteten Bewohner. Wie uns aus zuverlässiger Quelle mitgeteilt wird, entdeckten die beiden Jungen
5 unter der bisher bekannten Höhle zwei weitere riesige Höhlen, von deren Existenz bis heute niemand gewußt hatte.

In einer dieser Höhlen lag schlafend ein mittelgroßer Dinosaurier, dessen Alter auf etwa 590 Jahre geschätzt wird. Das Tier hatte die letzten zwei Jahrhunderte in der 10 Höhle verbracht. Es hatte sich von Gelberüben ernährt, die es selbst vor mehreren Jahrhunderten gesammelt hatte. Die Schreckensschreie der Kinder müssen das Tier geweckt haben. Nachdem es erwacht war und sich zu seiner ganzen Größe aufgerichtet hatte, hustete es so 15 gewaltig, daß den Kindern die Mützen vom Kopf flogen. Als der riesige Gast sich schüttelte und die ganze Höhle zu zittern begann, flohen die Kinder, die glaubten, sie hätten ein Gespenst gesehen.

Zur Beruhigung der Bevölkerung ist zu betonen, daß die 20 Dinosaurier absolut harmlose Vegetarier sind.

41
Redeübung

Kennen Sie ähnliche Tiere? Können Sie von ihnen erzählen?

42
● **Elemente**

Wir fanden einen Dinosaurier. Er hatte 200 Jahre geschlafen.
Ich trank einen guten Rotwein. Die Flasche hatte 12 Jahre gelegen.
Ich erwachte um 9. Ich war sehr spät heimgekommen.

Wenn ich referiere, was in der Vergangenheit schon Vergangenheit war, nehme ich das Plusquamperfekt.

PLUSQUAMPERFEKT

ich hatte 100 Jahre geschlafen	wir hatten 100 Jahre geschlafen
Sie hatten 100 Jahre geschlafen	Sie hatten 100 Jahre geschlafen
du hatttest 100 Jahre geschlafen	ihr hattet 100 Jahre geschlafen
er sie es } hatte 100 Jahre geschlafen	} sie hatten 100 Jahre geschlafen
ich war spät heimgekommen	wir waren spät heimgekommen
Sie waren spät heimgekommen	Sie waren spät heimgekommen
du warst spät heimgekommen	ihr wart spät heimgekommen
er sie es } war spät heimgekommen	} sie waren spät heimgekommen

8

43

● **Studie**

Bitte erzählen Sie, was in der Vergangenheit schon Vergangenheit war:

a Sie war glücklich. *Sie hatte ihr Ziel erreicht.*

b Ich war wahnsinnig müde. Ich hatte 7 Km gerast

c Er bekam großen Beifall. Er hatte die Rasse gewonnen

d Wir umarmten uns. Ich hatte ihr nich für 2 Wochen gesehen

e Endlich ging der Schnee weg. Die Sonne hatte nicht gescheint für 2 M

f Unser Schiff landete. Wir hatte Amerika gefunden.

g Der Kuchen schmeckte prima. Ich hatte nicht gegessen für 24

h Das Konto war leer. Ich hatte alles meines Geld ausgegeben

i Die Küche war blitzsauber. Sie hatte es geputzt gründlich

k Er kündigte. Er hatte nicht sehr gut gearbeitet

l Sie weinte. Sie war früh aufgestanden und war müde

m Der Arzt kam erst um 10 Uhr nach Hause. Das Kind war krank für seit 7 Uhr gewe

n Die Premiere war eine Katastrophe.

o Das Auto blieb stehen.

p Ich trank 2 Liter Wasser.

q Die Firma war bankrott.

r Sie heiratete ihn nicht.

s Die Post kam eine Woche zu spät. Es hatte ein Streik gegeben

t Er fiel vom Stuhl.

u Ich hatte keinen Paß.

44
Das richtige Wort

Was kann man/wen kann man *bekämpfen, beraten, erfahren, erleben, empfehlen, vorbereiten, empfinden?*

45
Das richtige Wort

Finden Sie mindestens fünf kombinierte Nomen

-stadt: Hauptstadt, Kleinstadt, Industriestadt,

-zeit: _____

-bahn: _____

-licht: _____

-reise: _____

Roman

TEIL 8

Erinnern Sie sich an Teil 7. Wo sind wir? Wer sind die Gäste? Was wird gefeiert?

„Moritz, wer ist denn der Neue?"

„Keine Ahnung. Den habe ich noch nie gesehen."

„Ich habe mich gerade mit ihm unterhalten. Der trinkt nur Sodawasser und hat auch sonst noch einige merk-
5 würdige Dinge gesagt."

„Für einen jungen Mann ist er also schon etwas exzentrisch."

„Was heißt: junger Mann? Der ist doch in unserem Alter!"

10 „Du hast wohl Tomaten auf den Augen!"

„Ach ihr Intelligenzler, ihr habt keinen Blick für die Tatsachen. Und du überhaupt, mit deinen römischen Mummelgreisen."

„Römisches Recht hat mit Mummelgreisen nichts zu
15 tun. Ich glaube, es ist schon spät, einen schönen Abend noch, tschüß."

„Was hast du denn? Na, dann bis zum Stammtisch morgen im Rathauskeller."

*

„Wenn ich ehrlich sein soll, Herr Präsident, ich fühle mich auch nicht ganz wohl. Ich bin nämlich Fotoamateur; die 20 Geschichte mit diesem Film läßt mich nicht schlafen. Ich kann mir nicht erklären, welche Lichtquelle so stark ist, daß sie durch die geschlossene Kamera den gesamten Film belichtet."

„Sie sind ein Witzbold; da stand eben einfach jemand 25 vor dem Objektiv."

„Herr Präsident, das ist technisch nicht möglich."

„Ach Quatsch, dann ist es eben etwas anderes; aber ich bitte Sie, sagen Sie nicht: unser Atomkraftwerk. Da würden Sie Schwierigkeiten bekommen!" 30

„Nein, nein, Herr Präsident, es ist der Geist aus der Flasche."

Beide wiehern und blicken sich automatisch nach dem Neuen um.

„Wo ist der Neue?" 35

Die Alkoholnebel verschwinden. Der Sinn, der Geist, der Verstand, das Gehirn des Präsidenten schärfen sich. Der Neue hat das Fest verlassen.

Kapitel 9

Berlin

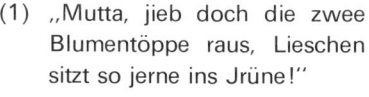

1

Lesetext

Diese Witze sind meist im Dialekt aufgeschrieben. Bitte übertragen Sie sie ins Hochdeutsche.

(1) „Mutta, jieb doch die zwee Blumentöppe raus, Lieschen sitzt so jerne ins Jrüne!"

(2) Sonntagmorgen. „Männe, Orje hat die Woche wieder wat jelernt; er macht schon uff de Schutzleite ne Fauste!"

(3) Adel. „Bist du ooch ‚von'?"
„Jawoll – Mutter weeß bloß nich von wem!"

(4) Der Philosoph. „Kinder, lernt nischt, sonst müßt ihr
arbeeten!"

(5)

Heinrich Zille (1858–1929) hat das
Berlin der Hinterhöfe, Schnapsloka-
le, Badeplätze, Parkbänke und Ge-
richtssäle beschrieben, gemalt, ge-
zeichnet. Werke: Kinder der Straße
1908. Mein Milljöh 1914. Berliner
Geschichten und Bilder 1924.

Die
Ratte.

„Von wat is se denn jestorb'n?"
„Unse' Wohnung is' zu naß!"

(6) Lehrer: Hör einmal, Oskar; wenn du drei Pfennig in der Tasche hast, und du verlierst einen nach dem anderen, was bleibt dir dann noch in der Tasche?"
Der kleine Oskar: „Det Loch!"

(7) Ede: „Wat suchste denn da in de Zeitung?"
Karle: „De Recensjon von mein letzten Einbruch."

(8) „ – da reden de Leite immer wat von Alkohol – wat brauchn wirn Alkohol wenn wir Schnaps habn!"

(9) „Fürn Sechser kannste bei mir nich loofen."
„Aba ick habe doch bloß een Schlittschuh!"

(10) „Vater sitzt in die Destille und Mutter liegt in Landwehrkanal; heite gibt's keen Kaffee."

2
Lesetext

Diebe und Einbrecher sind am Werk. Verstörte und Asoziale schleppen sich durch die Nacht. Dunkle Typen gruppieren sich am Bahnhof Zoo . . .
Ein Mädchen weint beim Tanzen. Ein Junge kommt und
5 trinkt das Bier des Fremden aus. Ein anderer Junge kommt und schnorrt eine Zigarette.
Rocker überlegen, ob sie einmal wieder Rabatz machen können und wie.
Säufer legen schwer den Kopf auf die Arme und
10 schlafen eine Runde.
Ein Musikautomat spielt die Internationale, von großem Chor gesungen . . .
„Als ich noch unter Reinhardt spielte!" sagt ein Schauspieler und legt los. Junge Schauspieler hören ihm artig
15 zu. In einem Vorortgarten werden Steaks und Würste gegrillt . . .

Die junge Blumenverkäuferin geht durch die Lokale und zeigt stumm ihre Baccarat-Rosen. Draußen im Wagen wartet der Chef. Er ist knurrig, wenn sie keine Rose verkauft hat . . .
20 Im internationalen Hotel werden Kopfschmerztabletten erbeten. Eine Dame verlangt Pfefferminztee. Ein Kellnerschuh drückt auf das Gesäß eines Zechprellers und tritt ihn hinaus ins Freie.

ANNEMARIE WEBER

Kurfürstendamm und Gedächtniskirche, Berlin (West)

Berliner Dom, gespiegelt im Palast der Republik, Berlin (Ost)

3
Lesetext

Er schiebt sein Fahrrad, auf das eine Decke, ein Ruck-
sack und ein verrosteter Fischkasten geschnallt sind;
seine Bartstoppeln haben die Farbe der Trümmer, sein
Haar ist wirr, er gähnt, und als er jetzt sein Rad an das
5 Flußgitter lehnt und fröstelnd die Angelstöcke zusam-
menschiebt, erkennt man an seinem Rücken, er hat in
den Ruinen geschlafen. Doch der Sonne, nach der er
sich sehnt, geht es nicht gut; bleich, eine abgegriffene
Münze, hängt sie hinter den Wolkengardinen und
10 überlegt, wie sie ums Scheinen herumkommen kann.
Allmählich wird es in den Häusern lebendig. Fenster
werden geöffnet, lockenwickelgekrönte Matronen-
häupter blinzeln über rotwangiges Bettzeug, Radios

ertönen, ein Topfdeckel fällt dröhnend zu Boden, und
plötzlich ist die Luft vom Duft frisch gerösteten Mucke- 15
fucks, warmer Schrippen und krautigen Tabaks prall ...

WOLFDIETRICH SCHNURRE

4
Textarbeit

a Unsere beiden Texte (2) und (3) malen Berliner
   Bilder. Bitte geben Sie den Texten Überschriften.
b In unseren Texten werden mehrere Arten von Leuten
   beschrieben. Bitte zählen Sie auf, welche.
c Bitte vergleichen Sie: welche Beobachtungen könnten Sie auch in Ihrer Stadt/Ihrem Land machen?
   Welche nicht?

5
Textarbeit

Welche Wörter passen zusammen?

Wörter im Text	Erklärung
Schrippen	Kopf
Trümmer	Krimineller
artig	Hintern
Muckefuck	Brötchen
Gesäß	Ruine
Einbrecher	höflich
Haupt	schlechter Kaffee
Gardine	einer, der im Restaurant nicht zahlt
knurrig	unfreundlich
Zechpreller	Vorhang

Die Wörter links können Sie wieder vergessen. Sie gehören nicht zu den Wörtern, die Sie dringend brauchen.

6
Textarbeit

a Charakterisieren Sie genauer die Orte, wo die Beobachtungen gemacht wurden.

b Welche Bevölkerungskreise beschreiben unsere Texte, welche nicht? (Gründe?)

7
Textarbeit

Die meisten Beobachtungen in den beiden Texten deuten nur etwas an, dahinter steckt etwas. Versuchen Sie das, was die Autoren nicht sagen wollen, zu sagen.

Andeutungen im Text

... hören artig zu

weint beim Tanzen

gruppieren sich

werden Kopfschmerztabletten erbeten

zeigt stumm ihre Rosen

verlangt Pfefferminztee

die Sonne, nach der er sich sehnt

blinzeln

Muckefuck

Grund vielleicht

Respekt vor den großen Namen

1

2

3

7

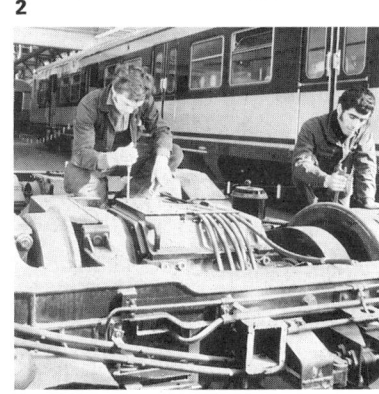
8

9

8 ☺☺
● **Bildgeschichte G**

BERLIN

1 Berlin, einst eine Metropole europäischen Geistes, wurde während des Zweiten Weltkriegs immer mehr zu einer Geisterstadt.

2 Mai 1945. Ein sowjetischer Soldat schwingt die rote Fahne über den Ruinen Berlins.

3 1946. Außer den Politikern, die den Krieg gemacht haben, arbeitet die gesamte Bevölkerung mit beim Wiederaufbau. Im Hintergrund sehen Sie das Brandenburger Tor, die Grenze zwischen Berlin (Ost) und Berlin (West).

4 Statt Brücke zu sein zwischen Ost und West, ist Berlin ein schweres Problem zwischen Ost und West. Die frühere Stadtmitte gehört heute zu Berlin (Ost).

5 Berlin (Ost) ist die Hauptstadt der DDR. Ein Blick über die modern aufgebaute, dynamische Stadt mit dem Fernsehturm.

6 Trotz allem Neuen: die Berliner mögen das Altmodische und pflegen es wie ihre gute Stube.

7 Sie sind stolz auf ihre Schlösser, Gärten, Parks. Ein typisches Bild! Über 20% der Berliner Bevölkerung sind Rentner.

8 Aber Berlin ist gleichzeitig Deutschlands größte Industriestadt und exportiert nach 140 Ländern der Welt.

4 **5** **6**

10 **11** **12**

9 Alt und neu mischen sich in Berlin anders als anderswo. Warum lassen die Berliner eine solche Ruine stehen? Ist es Sentimentalität? Humor? Philosophie?

10 Eins der alten Berliner Bürgerhäuser, die zwischen den gedankenlosen modernen Mauern immer schöner werden.

11 Und die Kehrseite. Trostloses Berlin. Solche Hinterhöfe kommen in den Romanen, in den Liedern, auf den Bildern der Berliner Künstler vor

12 Berlin – kleiner als London, kühler als Paris, anstrengender als Rom – es bleibt eine aufregende, eine intelligente Stadt. Wer es kennt, den läßt es nicht mehr los.

9

Textarbeit

zur Bildgeschichte

Bitte finden Sie zu den folgenden Wörtern das Gegenteil. Benutzen Sie Ihr Wörterbuch

einst	der Aufbau
mehr	der Hintergrund
über	die Stadtmitte
früher	der Export
altmodisch	die Kehrseite

Berlin, um 1200 entstanden, war schon früh ein wichtiger Binnenhafen. Solange es die politische Konstruktion *Preußen* gab (1660–1945), war Berlin Preußens Hauptstadt; 1871–1945 Hauptstadt Deutschlands; 1920–1933 eine Metropole neuen Stils für Film, Theater, Literatur, Kunst. Die *Mauer* (seit 1961) teilt Berlin in 2 Städte: Berlin (West) hat Rechtsgleichheit mit der Bundesrepublik, Berlin (Ost) ist Hauptstadt der DDR. – Berlin (Ost) hat 1,1 Millionen Einwohner, Berlin (West) hat 2 Millionen Einwohner.

10
Studie

Bitte ergänzen Sie

a der Krieg   während *des Kriegs*

die letzten 30 Jahre

das 20. Jahrhundert

der Spaziergang

b die Stunde Null   seit *der Stunde Null*

das Kriegsende

der Wiederaufbau

die Revolution

c der Neuanfang   nach *dem Neuanfang*

das Jahr 1969

das Theater

die Mitternacht

d der Sonnenaufgang   vor *dem Sonnenaufgang*

das Frühstück

das Jahr 1900

die Reise

11

● **Elemente**

PRÄPOSITIONEN		KONJUNKTIONEN		
		mit Hauptsatz	mit Nebensatz	mit Infinitiv + zu
statt	DG		statt daß	statt
ohne	A		ohne daß	ohne
trotz	DG	trotzdem		

während	DG		während	
vor	AD		bevor	
nach	D		nachdem	
seit	D		seit	
bis			bis	

A = Akkusativ
D = Dativ
G = Genitiv

Die Präpositionen *statt, trotz, während* können Dativ oder Genitiv nehmen. Die Bedeutung ist gleich.

Wenn auf die Präposition *bis* ein Artikel folgt, tritt zwischen *bis* und den Artikel die Präposition *zu* (mit Dativ).

12

● **Beispiele**

Bitte studieren Sie die folgenden Beispiele sorgfältig! Vergleichen sie die Elemente (11). Erkennen Sie die Konstruktion genau?

(1) Statt einer Zigarette nehme ich eine Tasse Tee.
(2) Statt eine Zigarette zu rauchen, nehme ich eine Tasse Tee.

(3) Ohne Rouge komme ich mir ganz nackt vor.
(4) Ohne mich zu schminken, komme ich mir ganz nackt vor.

(5) Trotz seines Geldes ist er unglücklich.
(6) Er hat so viel Geld. Trotzdem ist er unglücklich.

Das beste ist: Lernen Sie diese Beispiele auswendig (leichter als abstrakte Regeln)!

13
Studie

Bitte bauen Sie die folgenden Sätze um: nehmen Sie die Präposition und ein Nomen (oder Pronomen):

a   Er ging vorbei, ohne zu grüßen.

→ *Er ging ohne einen Gruß vorbei.*

b   Statt zu zahlen, hat er mir eine Tafel Schokolade mitgebracht.
c   Statt daß er mich lieben würde, schenkt er mir gescheite Bücher.
d   Der Winter in Berlin ist kalt. Trotzdem bin ich gern da.
e   Brauchst du die schwere Kamera? Gehst du nicht viel bequemer, ohne sie zu tragen?
f   Es ist noch früher Morgen, trotzdem bin ich hellwach.
g   Ohne daß du mir hilfst, komme ich nicht von dem Sessel hoch.
h   Er trank eine Flasche Rotwein, statt zu frühstücken.
i   Sie reiste ab, ohne etwas zu sagen.
k   Er schickt lieber hundert Rosen, statt einmal zu schreiben.

14
Studie

Bitte ergänzen Sie frei

a   Ich habe ihn geheiratet ohne
b   Er hat das Ziel erreicht trotz
c   Schwerer Alkoholiker. Er hält es keinen Tag aus ohne
d   Sie schlief trotz
e   Es sind bestimmt große Schmerzen, aber sie liegt ruhig da ohne
f   Er ist erst fünf. Trotzdem
g   Er hat mir nur 100 Mark zurückgegeben statt
h   Sie spricht nur von sich selbst, statt
i   Warum hast du das Haus gekauft ohne
k   Er siegte trotz

15
● **Beispiele**

Bitte studieren Sie die folgenden Beispiele. Erkennen Sie die Konstruktion genau?

(1) Während unseres Gesprächs trank er elf Tassen Mokka.
(2) Während wir uns unterhielten, trank er elf Tassen Mokka.

(3) Vor dem ersten Kuß habe ich furchtbar gezittert.
(4) Bevor er mich zum erstenmal küßte, habe ich furchtbar gezittert.

(5) Nach dem letzten Glas fiel er in tiefen Schlaf.
(6) Nachdem er das letzte Glas getrunken hatte, fiel er in tiefen Schlaf.

(7) Seit deinem Erbe bist du ein eiskalter Typ geworden.
(8) Seit du die Firma geerbt hast, bist du ein eiskalter Typ geworden.

(9) Bis zur Prüfung sind es noch 20 Tage.
(10) Bis die Prüfung beginnt, sind es noch 20 Tage.

16

● **Studie**

Bitte bauen Sie die folgenden Sätze um. Nehmen Sie die Präposition und ein Nomen:

a   Es sind noch 2¹/₂ Stunden, bis die Premiere beginnt.

→ *Es sind noch 2½ Stunden bis zur Premiere.*

b   Nachdem diese Nacht vorbei war, verließ er mich und kam nie wieder.

c   Sofort nachdem er geschossen hatte, wurde er festgenommen.

d   Seit unser Jüngster geboren ist, mache ich immer mehr Schulden.

e   Bevor ich zu arbeiten anfange, rauche ich noch eine Zigarette.

f   Seit das Moped zum letztenmal repariert wurde, bin ich 4000 km gefahren.

g   Wenn Sie bitte die Verträge tippen würden, bis die Konferenz beginnt.

h   Die meisten Mitglieder schliefen fest, während der Präsident redete.

i   Bis wir in Urlaub fahren, sind es noch 11 Tage.

k   Während sie Hochzeit feierten, explodierte eine Bombe im Aufzug.

17
Reduktion

Die folgende Geschichte ist kompliziert geschrieben. Bauen Sie den Text vorsichtig um. Benützen Sie möglichst nur Hauptsätze. Beginnen Sie etwa so: Ein junger Mann wanderte in die Welt hinaus. Da kam er . . .

Als ein junger Mann, der allein in die Welt hinauswanderte, in eine große fremde Stadt kam, hörte er, daß in der Stadt ein König wohnte, der eine wunderschöne Tochter besaß. Wer die Königstochter heiraten wollte, mußte aber eine Aufgabe lösen: er mußte etwas schaffen, was   5
noch kein Mensch gesehen hatte. Der König hatte schon 500 Männer aufgehängt, nachdem sie behauptet hatten, sie könnten etwas schaffen, was noch kein Mensch gesehen hatte, aber es nicht konnten.
Nachdem der junge Mann dies gehört hatte, konnte er   10
kein Auge mehr zudrücken. Endlich ging er zum König und sprach: „König, ich will deine Tochter zur Frau haben. Was soll ich tun?''
Der König wurde zornig und sprach: „Weil du so dumm gefragt hast, sollst du sterben!''   15
Während er das sagte, sprangen fünf schwarzgekleidete Männer in den Saal, nahmen ihn fest und sperrten ihn in einen tiefen Keller. Aber bevor es Nacht wurde, wurde es hell, und die Matuya, die Königin der Feen erschien. Sie sprach zu ihm: „Sei nicht traurig. Bevor die Sonne   20
wieder aufgeht, sollst du mit der Königstochter verlobt sein. Hier hast du ein Kästchen. Reiß mir die Haare von meinem Kopf und spanne sie auf das Kästchen.''
Nachdem der junge Mann das getan hatte, sprach die Matuya: „Dieses Kästchen soll eine Geige werden.   25

Während die Menschen darauf spielen, wird sie sie froh oder traurig machen.'' Sie nahm das Kästchen und lachte hinein. Dann begann sie zu weinen und ließ ihre Tränen in das Kästchen fließen. Bevor sie verschwand,
30 sprach sie noch zu dem jungen Mann: „Streich über die Haare auf dem Kästchen.'' Und als er es tat, strömten aus dem Kästchen Lieder, die das Herz bald froh, bald traurig stimmten.
Nachdem die Matuya verschwunden war, rief er die
35 Helfer des Königs und ließ sich zum König führen. Er begann auf dem Kästchen zu spielen. Da war der König außer sich vor Freude und rief: „Seit ich die Aufgabe gegeben habe, etwas zu schaffen, was noch kein Mensch gesehen hat, sind 500 Männer gekommen,
40 bevor du kamst, aber keiner konnte die Aufgabe lösen. Noch in dieser Nacht bist du mit meiner Tochter verlobt.''
Es verging noch ein Jahr, bis die Königstochter ihren 18. Geburtstag feierte, dann wurde die Hochzeit in hellem
45 Glanz gefeiert.
So ist die Geige auf die Welt gekommen.

18
Textarbeit

a Gefällt Ihnen dieses Märchen – warum? warum nicht?

b Von welchem Volk könnte das Märchen stammen?

c Gibt es in Ihrem Land noch Eltern – Großmütter – Tanten, die Kindern Märchen und Geschichten erzählen oder vorlesen, die ihnen Spiele und Lieder beibringen können?

19
Schreibschule

Wählen Sie bitte eins dieser Themen:

a Bitte schreiben Sie ein Märchen, das Sie kennen, möglichst eins aus Ihrem Land.

b Bitte versuchen Sie ein bekanntes Lied aus Ihrer Sprache ins Deutsche zu übertragen (möglichst frei).

c Bitte beschreiben Sie die Spiele der Erwachsenen und Kinder in Ihrem Land.

20
Spiel

Ein Teilnehmer erhält einen Ball. Er sagt ein Wort (Nomen) und wirft den Ball einem andern Teilnehmer zu. Der andere muß nun ein Wort finden, das mit dem letzten Buchstaben des vorhergehenden Wortes beginnt (Fahrrad – Dusche – Ente . . .).
Schwierigere Weiterführung: Aus jeweils drei aufeinanderfolgenden Worten sollen Sätze gebildet werden (jeden Satz in kleinen Gruppen vorbereiten: viele Ergebnisse!)

21
Spiel

Ein Teilnehmer geht vor die Tür. Ein Gegenstand wird versteckt. Sechs Teilnehmer werden bestimmt, die dem, der suchen soll, den Weg zum Versteck angeben. Erst mit dem letzten Hinweis darf er beim Versteck ankommen.
Variation: mit verbundenen Augen.

22 ⊙⊙
Machen Sie sich Notizen

Bitte schreiben Sie das, was Sie hören, in Stichworten nieder. Schreiben Sie nicht alles, sondern nur das Wichtigste.

ANALYSE DER DUMMHEIT TEIL 2

Wer arm ist   _____

Entweder   _____

oder   _____

Ordnung: _____

Freunde: _____

Der Arme ist ungebildet.

Zwei Beispiele: _____

    _____

Abitur: _____

23
Redeübung

Nehmen Sie zu dem Text (22) Stellung. Bereiten Sie Ihre Äußerung – allein oder in der Gruppe – gründlich vor, machen Sie sich Notizen dazu und reden Sie dann frei.

> *Wenn man nicht hat, was man liebt, muß man lieben, was man hat.*
>
> PAUL BURKARD

24
Diskussion

NOMEN, DIE VOM VERB KOMMEN

das Abendessen, die Abfahrt, die Ankunft, die Anweisung, die Aufgabe, der Erfinder, die Erfindung, der Fernseher, die Flucht, das Können, der Kuß, die Liebe, die Ordnung, der Neuanfang, der Nichtschwimmer, der Redner, das Rennen, der Säufer, der Schauspieler, der Sonnenaufgang, die Spannung, der Sprung, der Teilnehmer, der Verstand, der Wiederaufbau, die Wohnung, der Zug, die Zukunft, der Zusammenhang.

a Von welchen Verben kommen diese Wörter?
b Bitte ordnen Sie die Nomen in maskulin, feminin und neutrum.
c Finden Sie selbst die Regeln, nach denen die Nomen maskulin, feminin oder neutrum sind. Aber beachten Sie bitte: diese Regeln gelten nur für die Nomen, die vom Verb kommen!

25 ⊙⊙

● **Hören und verstehen**

Sie hören fünf kleine Dialoge. In jedem Dialog geht es um eine Entscheidung, um einen Entschluß. Schreiben Sie bitte: was ist der Grund für diese Entscheidung? was ist der Grund für den Entschluß?

> *Der Fortschritt scheint größer als er ist und scheint harmloser als er einmal sein wird.*
>
> JOHANN NESTROY
>
> *Die Zukunft – man weiß ja nicht genau, wann sie kommt, aber vielleicht kommt sie eher, als Sie denken.*
>
> JÜRGEN VON MANGER

Roman

⊙⊙
TEIL 9

Insgeheim hat der Polizeipräsident die beiden Männer, die vor dem Eingang seiner Villa Wache stehen, um ungebetene Gäste fernzuhalten, ins Haus gerufen. Er beauftragt sie, möglichst unauffällig die Villa zu durch-
5 suchen. Beide Männer bestätigen, daß in der letzten halben Stunde niemand durchs Tor hinausgegangen ist. Der Polizeipräsident begibt sich wieder zu seinen Gästen und versucht sein Bestes, für gute Stimmung zu sorgen. Beim Durchschnittsalter der anwesenden Her-
10 ren läßt es sich natürlich nicht vermeiden, daß nach anderthalb Stunden die ersten zum Aufbruch drängen. Rasch leeren sich die Räume, die zwei üblichen Party-Dauergäste ausgenommen. Sonst recht gerne gesehen, um den Abend zu verkürzen, möchte der Polizeipräsi-
15 dent sie heute rasch loswerden, allein seine Bemühungen sind vergeblich. So verläßt er sie bei gefüllten Gläsern und macht sich auf die Suche nach den beiden Polizeibeamten. Er findet sie mit hilflosen Gesichtern in der Halle.
20 „Na, was gefunden? Nichts Verdächtiges?"
„Nein, Herr Präsident, wir haben alles durchsucht außer den Privaträumen."
„Am besten, wir gehen gemeinsam durch die übrigen Räume. Waren Sie auch schon im Keller?"
25 „Den Keller haben wir bereits durchsucht."
„Schön, dann gehen wir jetzt in den ersten Stock."
Die drei Männer gehen genau jeden Raum durch, sie schauen hinter die Gardinen und unter die Betten. Dem Polizeipräsidenten ist das alles höchst peinlich, er ver-
30 sucht die ganze Aktion mit einigen schwachen Witzen herunterzuspielen. Mühsam lachen die Beamten, um ihrem Diensttherren einen Gefallen zu erweisen. Sie nähern sich langsam dem sogenannten kleinen Gästezimmer, das der Polizeipräsident für seinen siebenjähri-
35 gen Enkel bereithält. Um den kleinen Mann nicht zu wecken, öffnet er ganz leise die Tür einen Spalt und staunt.
„So so, du Schlingel, du solltest schon längst schlafen! Was hast du denn da?"
40 „Ich habe mir nur deinen Atlas ausgeliehen. Weißt du, das ist wahnsinnig spannend!"
„Ja, ich war auch immer sehr gut in Geographie. Aber da mußt du noch ein bißchen warten. Zuerst muß man lesen und rechnen lernen. Welches Land schaust du dir
45 denn grade an, hahaha?"
„Gar kein Land. Ich schau mir die Sternkarte an."
„Was machst du denn mit der Sternkarte?"
„Den Sirius hab ich gesucht, wo der liegt."
„Ist das nicht ein bißchen weit weg?"
50 „O nein. Der nette Mann, mit dem ich gesprochen habe, hat gesagt, er kommt ganz aus der Nähe. Er hat gesagt, wir sagen dazu Sirius B. Er fliegt heute noch mit dem Schiff nach Haus. Und schau, was er mir geschenkt hat, ist das nicht ein schönes Silberstück? Wenn ich groß bin,
55 werde ich ihn besuchen. – Aber Opa, was hast du denn? Ist dir nicht gut?"

E N D E

Bildnachweis

Die in Klammern gesetzten Zahlen bezeichnen die Anzahl der Bilder des genannten Autors auf der betreffenden Seite.

Anthony, Starnberg: 3
Friedemann Beyer: 90 (1), 153, 154 (2), 155 (1)
Bild der Wissenschaft: 98 (1)
Manfred Brönner: 14 (1)
Luigi Ciminagi Milano: 93 (1)
Georg Dietrich: 2 (1), 6, 18, 21 (1), 39, 59 (1), 109 (1), 130 (3), 131 (2), 152 (2)
dpa, Frankfurt: 71, 103
Eberhard Fiebig: 19, 21 (2)
Jutta Hafner: 25 (1), Bildgeschichte C (8)
Titus Häussermann: 25 (2), 58 (1), 59 (1), 108 (1), 109 (1), 130 (1)
Ulrich Häussermann: 2 (6), 8 (3), 9 (3), 14 (3), 21 (2), 53, 58 (1), 59 (2), 90 (1), 108 (1), 109 (1), 121, 130 (1), 145
Agnes Kühnel 30 (1)
Lehnartz: 154 (1), 155 (1)
Jukka Male: 58 (1), 108 (1)
Mauritius, Mittenwald: 2 (1)
Aide Abed Naumann: 25 (1), 58 (2), 68, 131 (1)
Helmut Orwat: 6/7 (3), 108/109 (1)
Uwe Rau: 155 (3)
Werner Schloske: 89, 90 (1), 92 (3), 93 (1)
Heidegert Schmid Noerr: 82
Hildegard Steinmetz: 90 (1)
Time-Life: 98 (2)
Tsunoda, Kuniko; Osaka: 30 (1)
aus: Tomi Ungerer politrics, © Diogenes Verlag, Zürich: S. 46, 136
Günter Westphal: 80 (2), 81 (2)
Joachim Wieczorek: 155 (1)

Quellennachweis

S. 11 Kurt Marti, *Neapel sehen,* in: Wohnen-zeitaus, © Flamberg-Verlag, Zürich 1965
S. 18 Margaret Mead, *Leben in der Südsee,* Szczesny Verlag, München, 1965
S. 20 Reiner Kunze, *Die wunderbaren Jahre,* S. Fischer Verlag GmbH 1976
S. 43 dtv-Lexikon, Stichwort Psychosomatik, Deutscher Taschenbuch Verlag GmbH 1968
S. 44 Das neue Fischer-Lexikon, Fischer Taschenbuch Verlag GmbH 1979
S. 44 Josef Rattner, *Psychosomatische Medizin heute,* Werner Classen Verlag, Zürich 1977

S. 44/45 Alexander Mitscherlich, *Krankheit als Konflikt,* Suhrkamp Verlag, Frankfurt 1967 S. 9, 32
S. 47 Josef Rattner, *Psychosomatische Medizin heute,* Werner Classen Verlag, Zürich 1977
S. 64 Erich Kästner, aus: *Gesang zwischen den Stühlen,* © Atrium Verlag, Zürich, 1961
S. 88 Karl Valentin, *Der Vogelhändler* in: Alles von Karl Valentin, R. Piper & Co. Verlag München 1978
S. 88, 89/93 Bertolt Brecht, aus: *Gesammelte Werke,* Suhrkamp Verlag Frankfurt 1967, 3, 1265 ff. und 14, 1389
S. 93/94 André Müller und Gerd Semmer, *Geschichten vom Herrn B.,* Verlag Ullstein GmbH Berlin 1980, S. 6, 8, 81, 77
S. 122 Das neue Fischer Lexikon, Fischer Taschenbuch Verlag GmbH 1979
S. 123 aus: Philosophisches Wörterbuch, Kröner Verlag, Stuttgart 1979
S. 125 Wolfdietrich Schnurre, Auf Tauchstation, S. 76 f, aus: *Schnurre Heiter,* Walter-Verlag Olten 1970
S. 143 Gesellschaft und Staat, Lexikon der Politik, Signal Verlag Baden-Baden 1976
S. 142 Simone Weil, *Unterdrückung und Freiheit,* Rogner & Bernhard GmbH & Co. Verlags-KG München 1975
S. 149 Annemarie Weber, MERIAN-Heft Berlin 1970. Mit freundlicher Genehmigung des Hoffmann und Campe Verlages, Hamburg
S. 150 Wolfdietrich Schnurre, *Was ich für mein Leben gern tue,* Verlag Ullstein GmbH Berlin 1975

Quellenhinweise

S. 7 Zahlen über Herne nach Manfred Gutzmer: Herne. München: Josef Bühn 1978
S. 13 Zahlen nach UNESCO: Statistical Yearbook 1973
S. 79–82 nach Berichten in Tages- und Wochenzeitungen November 1980
S. 84 Lesetext: nach Angaben bei Klaus von Beyme: Gewerkschaften und Arbeitsbeziehungen in kapitalistischen Ländern. München 1977. Seite 165 – und nach Franz Neumann: Streik (In: Gesellschaft und Staat. Lexikon der Politik. Baden-Baden 1976) S. 450
S. 100 Lesetext nach Isaac Asimov: Relativität in der Nußschale. UNESCO Kurier 5/1979. S. 10
S. 133 Lesetext. Freie Nacherzählung nach Liä Dsi: Das wahre Buch vom quellenden Urgrund. Düsseldorf, Köln: Diederichs 1976. S. 181
S. 159 Reduktion. Freie Nacherzählung nach: Die Zauberflöte. Märchen europäischer Völker. München: Deutscher Taschenbuch Verlag 1968. S. 169 f.

Compact-Cassetten für die Teilnehmer am »Sprachkurs Deutsch«!

Zu Teil 3 der Aufbaustufe empfehlen wir parallel zum Einsatz der zugehörigen programmierten Tonbänder im Klassen- oder Kursverband

die Verwendung unserer Compact-Cassetten

zum Selbststudium.

Dieses auditive Material bietet ein reichhaltiges Angebot zum Üben der deutschen Aussprache sowie des Wort- und Strukturenschatzes.

Diesterweg

-- ✂

Hiermit bestelle ich:

SPRACHKURS DEUTSCH

Unterrichtswerk für Erwachsene.

Compact-Cassetten zu Teil 3

Satz, bestehend aus 3 Cassetten.
Gesamtlaufzeit ca. 180 Minuten.
Unverbindlich empfohlener Preis   DM 72,— (MD-Nr. 6129)

....

Datum   Unterschrift

ABSENDER (bitte deutliche Blockschrift):

Name_____

Vorname _____

Straße _____

PLZ, Ort_____

Beruf:_____

Meine Buchhandlung: _____

Datum: _____ Unterschrift: _____

POSTKARTE

Verlag
Moritz Diesterweg
Postfach 110651

D-6000 Frankfurt 1